Rezepte der Kochschule [Mmmmh!]

90 Rezepte, die Ihre Gäste beeindrucken

Abracadabra !

Rezepte der Kochschule [Mmmmh!]

90 Rezepte, die Ihre Gäste beeindrucken

Abracadabra !

Styling Marie Mersier *Illustrationen Tinou Le Joly Sénoville*

Fotos von Grégoire Kalt

CHRISTIAN

Parole »Mmmmh!«

Hinter diesem Wonnelaut verbirgt sich ein Unternehmen, das 2004 in Brüssel und Antwerpen ins Leben gerufen wurde und bei dem sich alles ums Kochen, Essen und Genießen dreht. Unsere Palette reicht von internationalen Kochkursen über Versuchslabors bis zu den unterschiedlichsten Freizeitangeboten rund um die Themen Essen und Wein. In nur wenigen Jahren hat »Mmmmh!« in Belgien eine riesige Fangemeinde erobert. Ob Neuling oder alter Hase – jeder, der einmal an einem der Kochkurse teilgenommen hat, die von den Küchenchefs von »Mmmmh!« geleitet werden, ist in der Lage, die in den Kursen erlernten Rezepte nachzukochen. Denn unser oberstes Ziel ist es, jedermann das Kochen so einfach und verständlich wie möglich nahezubringen.

Jeder kann kochen, und es ist unsere größte Freude, wenn der Funke überspringt und aus einem passiven Esser ein kreativer Koch wird, der selbst für sein leibliches Wohl sorgt. Sind wir doch der Überzeugung, dass man besser isst, wenn man mit Leidenschaft isst, und dass Körper und Geist gleichermaßen davon profitieren.

Deshalb lautet unsere Maxime: In jedem, der irgendwann einmal den Kochlöffel schwingt, steckt vielleicht bereits ein zukünftiger begeisterter Hobbykoch.

Wir lieben die Küchen der Welt und vermitteln Kochkunst aus allen Erdteilen in unseren Kursen. Und weil beim Kochen und Essen alle unsere Sinne angesprochen sind, präsentieren wir diese Gerichte in einer ganz modernen, frischen und kreativen Form in kleinen Töpfen, in Gläsern und auf Löffeln, und wir verraten sogar ein wenig vom Abracadabra der Molekularküche.

INHALT

à la carte

KAPITEL 1

Klar, im Glas

Melonen-Gazpacho mit Schinkenchips

100 g Parmaschinken, in dünne Scheiben geschnitten
1 Bund Frühlingszwiebeln
1 Salatgurke
1 Galia-Melone
Fruchtiges Olivenöl extra vergine
Fleur de Sel

1

Den Backofen auf 200 °C vorheizen. Den Schinken in 2 × 4 Zentimeter große Streifen schneiden und etwa 10 Minuten im Backofen »trocknen«.

2

Die Zwiebeln in feine Ringe schneiden. Die Gurke schälen. Das Fruchtfleisch aus der Melone herauslösen.

3

Das Melonenfruchtfleisch mit der Gurke im Mixer pürieren. Dabei langsam 4 Esslöffel Öl einlaufen lassen.

4

Den Gazpacho auf Gläser verteilen und kalt stellen.

SERVIERVORSCHLAG

Den Gazpacho unmittelbar vor dem Servieren mit ein paar Körnchen Fleur de Sel und einigen Zwiebelringen bestreuen, mit etwas Olivenöl beträufeln und die Gläser jeweils mit einem »Schinkenchip« garnieren.

TIPP

Den Gazpacho während der Saison mit einer vollreifen Cavaillon-Melone zubereiten.

FÜRS PERFEKTE TIMING

Zubereitungszeit: 20 Minuten
Garzeit: 10 Minuten
Ergibt 10 Gläser

mmh!]
oking

Klar, im Glas

Garnelen-Ceviche
mit Limette

20 Riesengarnelenschwänze
1 Bund Schnittlauch
1 Bund Minze
1 Bund Koriandergrün
1 Limette
400 ml Krebsfond (Glas)
100 ml Olivenöl extra vergine
Salz und frisch gemahlener Pfeffer

1

Die Kräuter fein hacken. Die Limette auspressen.

2

Die Garnelenschwänze schälen und den Darm entfernen. Den Krebsfond mit 1 Liter Wasser verrühren und aufkochen. Die Garnelen 2 Minuten darin pochieren und anschließend abgießen. (Der Krebsfond kann für eine Suppe verwendet werden.)

3

Die Garnelen klein schneiden, in eine Schüssel geben und mit Limettensaft, Minze, Koriander und Schnittlauch vermischen.

4

Mit Salz und Pfeffer abschmecken und mindestens 30 Minuten im Kühlschrank durchziehen lassen.

SERVIERVORSCHLAG
Die Garnelen in Gläsern anrichten, mit etwas Olivenöl beträufeln und mit ein paar Schnittlauchstängeln garnieren.

TIPP
Die Garnelen durch Scampi ersetzen.

FÜRS PERFEKTE TIMING
Zubereitungszeit: 20 Minuten (ohne Marinierzeit)
Garzeit: 2 Minuten
Marinierzeit: 30 Minuten
Ergibt 10 Gläser

Klar, im Glas

Gazpacho mit Serrano-Schaum

250 g Tomaten
2 rote Paprikaschoten
1 Salatgurke
1 Knoblauchzehe
3 EL Olivenöl extra vergine
2 EL Sherryessig
500 ml Wasser
2,6 g Lezithinpulver (Reformhaus oder Apotheke)
6 Scheiben Serranoschinken
Salz und frisch gemahlener Pfeffer

1

1 Tomate und 1 Paprikaschote für die Garnitur beiseitelegen. Die übrigen Tomaten 30 Sekunden in kochendes Wasser legen, in Eiswasser abschrecken, enthäuten und die Samen entfernen. Die Gurkenschale mit dem Sparschäler entfernen und einige Streifen für die Garnitur beiseitelegen. Die Gurke in Stücke schneiden. Die Paprikaschote von den Samen befreien und ebenfalls in Stücke schneiden.

2

Das Gemüse mit dem Knoblauch und dem Öl im Mixer pürieren. Ist der Gazpacho zu dick, mit etwas Wasser verdünnen, bis er die gewünschte Konsistenz hat (er sollte nicht zu dick sein). Mit Salz und Pfeffer abschmecken, den Essig unterrühren und kalt stellen.

3

Für die Garnitur die Tomate und die Paprikaschote in Juliennestreifen schneiden. Etwas Gurkenschale in lange Streifen wie dünne Spaghetti schneiden.

4

Für den Serrano-Schaum den Schinken in das Wasser legen und etwa 10 Minuten köcheln lassen. Durch ein feines Sieb abseihen, die Flüssigkeit auffangen und in eine Rührschüssel gießen. Das Lezithin hinzufügen und das Ganze mit einem Milchschäumer zu festem Schaum aufschlagen.

SERVIERVORSCHLAG
Den Gazpacho mit einer Schaumhaube und mit den Gemüsestreifen garnieren.

TIPP
Einige Scheiben Serranoschinken im Backofen trocknen, in der Küchenmaschine fein zerkleinern und den Gazpacho damit bestreuen.

FÜRS PERFEKTE TIMING
Zubereitungszeit: 30 Minuten
Garzeit: 10 Minuten
Ergibt 10 Gläser

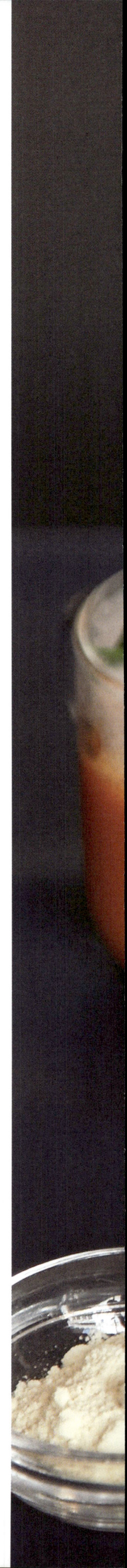

KING

Espuma »Parma«

100 g Parmaschinken
200 g Sahne
Frisch gemahlener schwarzer Pfeffer

1 Siphon oder Sahnespender (0,25 l) +
2 Stickstoffpatronen

1

Den Backofen auf 200 °C vorheizen.

2

2 Scheiben Schinken in kleine Rechtecke schneiden und auf einem mit Backpapier ausgelegten Backblech verteilen.

3

Das Blech in den Backofen schieben und die »Schinkenchips« knusprig braten.

4

Die Sahne aufkochen lassen.

5

Den restlichen Schinken grob hacken und in der Sahne ziehen lassen. Die Sahne anschließend durch ein Sieb seihen und abkühlen lassen.

6

Die Sahne in den Siphon füllen, die Patronen einsetzen, den Siphon 15 Sekunden schütteln und bis zum Gebrauch in den Kühlschrank legen.

SERVIERVORSCHLAG
Die Espuma in Gläser sprühen und mit ein paar Schinkenchips garnieren.

TIPP
Parmesanplätzchen dazu reichen.

FÜRS PERFEKTE TIMING
Zubereitungszeit: 30 Minuten
Garzeit: 10 Minuten
Für 10 Gläser (zum Aperitif)

Klar, im Glas

Thai-Hähnchen
»Avocado Limette«

400 g Hähnchenbrust
8 Kaffirlimettenblätter
3 Limetten
1 rote Chilischote
1 Avocado
2 EL Fischsauce
3 EL Erdnussöl
1 Eigelb
Salz und frisch gemahlener Pfeffer
Weißwein- oder Sherryessig

1

Die Blattrippen aus den Kaffirlimettenblättern herausschneiden und die Blätter in feine Streifen schneiden. Die Limetten auspressen. Die Chilischote der Länge nach in Juliennestreifen schneiden. Die Avocado schälen und das Fruchtfleisch mit einer Gabel zerdrücken.

2

Das Hähnchenfleisch mit dem Messer grob hacken und im Öl anbraten. Die Limettenblätter und die Chilischote hinzufügen (von beidem vorher etwas zum Garnieren beiseitelegen).

3

Sobald das Fleisch gar ist, 2 Esslöffel Limettensaft und die Fischsauce hinzufügen. Mit Salz und Pfeffer abschmecken. Es sollte weder der saure Geschmack der Limetten noch der salzige Geschmack der Fischsauce »hervorschmecken«.

4

Für die Mayonnaise das Eigelb mit Salz, Pfeffer und einem Schuss Essig verrühren. Anschließend das Öl in einem feinen Strahl einlaufen lassen und dabei kräftig mit dem Schneebesen rühren. Zum Schluss die zerdrückte Avocado unterrühren und mit Salz und Pfeffer abschmecken.

SERVIERVORSCHLAG
Das Fleisch auf Gläser verteilen, die Mayonnaise in einen Spritzbeutel füllen und das Fleisch damit garnieren. Das Ganze zum Schluss mit den restlichen fein geschnittenen Limettenblättern und den Chilistreifen dekorieren.

TIPP
In Thailand ein Muss: Die Haut der Hähnchenbrüste im Backofen (bei 200 °C) knusprig rösten und als »Chips« dazu reichen.

FÜRS PERFEKTE TIMING
Zubereitungszeit: 30 Minuten
Garzeit: 10 Minuten
Ergibt 15 Gläser

Tataren-Carpaccio Rindfleischtatar mit Parmesan und Rucola

200 g Rinderlende, gut gekühlt
1 Zitrone
100 g Parmesan
Fleur de Sel
Frisch gemahlener schwarzer Pfeffer
2 EL fruchtiges Olivenöl extra vergine
1 Schale Rucola

1

Die Zitrone auspressen.

2

Den Parmesan mit einer Reibe oder einem Sparschäler in Späne hobeln.

3

Das Fleisch mit einem Messer grob hacken und in einer Schüssel mit Fleur de Sel, Pfeffer, Öl und Zitronensaft vermengen. Die Marinade nicht auf einmal dazugeben, sondern zwischendurch immer wieder abschmecken, um festzustellen, ob das Verhältnis von Öl und Zitronensaft ausgewogen ist.

SERVIERVORSCHLAG
Das Fleisch auf Gläser verteilen, mit den Parmesanspänen bestreuen und mit Rucolablättern garnieren.

TIPP
Ein paar in Salz oder Essig eingelegte Kapern (vorher gründlich abspülen) darüberstreuen.

FÜRS PERFEKTE TIMING
Zubereitungszeit: 15 Minuten
Ergibt 15 Gläser

Pecorino-Espuma
mit Birnen

100 g Pecorino romano
250 g Birnen
100 g Sahne
2 g Xanthan (siehe TIPP; in Apotheken und Reformhäusern erhältlich)
Olivenöl extra vergine

1 Siphon oder Sahnespender (0,25 l) +
2 Stickstoffpatronen

1

Den Pecorino mit einer Reibe oder einem Sparschäler in feine Späne hobeln.

2

Die Birnen schälen und entkernen. 150 g Birnenfruchtfleisch mit 50 g Sahne im Mixer pürieren. Die restliche Sahne hinzufügen und das Ganze durch eine »Superbag« (siehe TIPP) oder ein Sieb passieren.

3

Das Xanthan hinzufügen und die Birnensahne im Mixer zu einer dicken Creme aufschlagen.

4

Die Creme in den Siphon füllen, die Patronen einsetzen, den Siphon 15 Sekunden schütteln und bis zum Gebrauch in den Kühlschrank legen.

5

Die restlichen Birnen in sehr dünne Spalten schneiden.

SERVIERVORSCHLAG
Die gut gekühlte Espuma in Gläser sprühen, mit den Pecorinospänen und den Birnenspalten garnieren und mit etwas Olivenöl beträufeln.

TIPP
Die Superbag ist eine Art Mikrofaser-Filterbeutel, der sehr einfach zu handhaben und zu reinigen ist. Xanthan ist ein Verdickungsmittel, das nicht erhitzt werden muss.

FÜRS PERFEKTE TIMING
Zubereitungszeit: 30 Minuten
Ergibt 15 Gläser

Kichererbsen-Gazpacho »arabesque«

200 g getrocknete Kichererbsen
2 EL Sherryessig
2 TL gemahlener Kreuzkümmel
3 Frühlingszwiebeln
Salz und Pfeffer
Pitabrot (nach Belieben, siehe TIPP)
Olivenöl (nach Belieben, siehe TIPP)

1

Die Kichererbsen am Vortag in kaltem Wasser einweichen.

2

Am nächsten Tag abgießen, etwa 40 Minuten bei geringer Hitze in Wasser garen und erst nach dem Kochen mit Salz würzen. Das Kochwasser abgießen und dabei auffangen.

2

Die Kichererbsen im Mixer pürieren und dabei nach und nach die Kochflüssigkeit hinzufügen, bis eine dickflüssige Masse entstanden ist.

4

Den Essig und Kreuzkümmel hinzufügen und das Ganze nochmals im Mixer vermischen. Mit Pfeffer würzen, noch einmal abschmecken und kalt stellen.

5

Für die Garnitur die Frühlingszwiebeln in Stifte schneiden.

SERVIERVORSCHLAG
Den Gazpacho auf Gläser verteilen, die Frühlingszwiebelstifte hineinstecken und gut gekühlt servieren.

TIPP
Mit einigen ganzen Kreuzkümmelsamen garnieren. In der Pfanne in etwas Olivenöl geröstetes Pitabrot dazu reichen.

FÜRS PERFEKTE TIMING
Zubereitungszeit: 1 Stunde
Garzeit: 40 Minuten
Ergibt 15 Gläser

Klar, im Glas

Kartoffel-Espuma mit Trüffeln

600 g festkochende oder vorwiegend festkochende Kartoffeln
20 g Trüffelstücke in Öl aus dem Glas
300 ml Vollmilch
50 g Butter
Salz und Pfeffer

1 Siphon oder Sahnespender (0,75 l) +
2 Stickstoffpatronen

1

Die Kartoffeln in kochendem Salzwasser gerade weich garen. 100 Milliliter Kochwasser aufheben.

2

Die Kartoffeln durch ein Sieb streichen.

3

Mit der kochenden Milch, dem Kochwasser und der Butter verrühren.

4

Die Trüffelstreifen abgießen und dabei 1 Esslöffel Öl auffangen.

5

Das Trüffelöl unter das Püree rühren.

6

Das Püree mit Salz und Pfeffer abschmecken und heiß in den Siphon füllen.

7

Die Patronen einsetzen, den Siphon schütteln und den Kartoffelschaum in Gläsern sofort servieren oder bei 75 °C im Wasserbad warm halten.

SERVIERVORSCHLAG
Den Kartoffelschaum mit Trüffelstreifen garnieren. Die Gläser als Amuse-Gueule oder als Beilage zu Rinderfilet oder Brathähnchen servieren.

TIPP
Während der Saison frische Périgord-Trüffeln verwenden.

FÜRS PERFEKTE TIMING
Zubereitungszeit: 45 Minuten
Garzeit: 30 Minuten
Ergibt 15 Gläser

Wachteleier im Pastanest

4 Wachteleier
250 g Tagliolini
100 g Butter
2 TL Trüffelöl
100 g Parmesan, gerieben
½ Bund glatte Petersilie
Salz und frisch gemahlener schwarzer Pfeffer

1

Die Wachteleier 1 Stunde bei 63 °C garen (zum Niedrigtemperaturgaren siehe unten).

2

Inzwischen die Nudeln al dente kochen, abgießen und in einer Stielkasserolle mit der Butter, dem Trüffelöl und dem Parmesan vermischen.

3

Jedes Glas mit einem Nudelnest auslegen.

4

Die Eier vorsichtig pellen. Dazu oben etwas von der Schale entfernen und das Ei dann umdrehen. Wenn es perfekt gegart ist, wird es (fast von allein) aus der Schale gleiten. Die Eier vorsichtig auf die Nudelnester setzen.

SERVIERVORSCHLAG
Die Eier mit etwas Trüffelöl beträufeln und mit Petersilienzweiglein garnieren. Warm servieren.

TIPP: NIEDRIGTEMPERATURGAREN
Zum Niedrigtemperaturgaren empfiehlt sich ein digitales Küchenthermometer. Ideal ist eine Gartemperatur von 63 °C, damit das Eiweiß gerade gestockt, aber nicht vollständig geronnen ist. Ein sehr gutes Resultat erzielen Sie auch, wenn es Ihnen gelingt, die Temperatur konstant bei 60–70 °C zu halten.

FÜRS PERFEKTE TIMING
Zubereitungszeit: 1 Stunde 15 Minuten
Garzeit: 1 Stunde
Ergibt 4 Gläser

Klar, im Glas

Burrata Taggiasca – nur Käse und Oliven!

300 g Burrata (das sind gewöhnlich 2 Stück; Burrata ist eine Art sehr cremiger Mozzarella aus Apulien)
100 g Taggiasca-Oliven (entsteinte und in Olivenöl eingelegte Oliven bester Qualität aus Ligurien)

1

Die Oliven halbieren.

2

Die Käse vierteln. Das ist nicht ganz einfach, denn der cremige Inhalt des Käses läuft leicht aus.

SERVIERVORSCHLAG
Die Käseviertel in Gläsern anrichten, 1 Esslöffel Oliven darauf verteilen und etwas von dem Olivenöl, in dem die Oliven eingelegt waren, darüberträufeln.

TIPP
Die Oliven durch Kaviar ersetzen!

FÜRS PERFEKTE TIMING
Zubereitungszeit: 5 Minuten
Ergibt 8 Gläser

Klar, im Glas

Thunfischtatar
»Tataki Wasabi«

150 g roter Thunfisch
40 g Rettich
1 frische Wasabi-Wurzel
oder 3 TL gemahlener Wasabi (oder Wasabi-Paste)
1 frische Ingwerwurzel
2 Frühlingszwiebeln
3 TL Shoyu (japanische Sojasauce)

1

Den Rettich der Länge nach in hauchdünne Scheiben schneiden.

2

Die Scheiben aufeinanderlegen und der Länge nach in schmale Streifen schneiden. Die Streifen anschließend in eine Schüssel mit kaltem Wasser legen.

3

Den Wasabi und den Ingwer reiben (Sie benötigen jeweils 3 Teelöffel). Gemahlenen Wasabi mit etwas heißem Wasser zu einer Paste verrühren.

4

Die Frühlingszwiebeln in feine Ringe schneiden.

5

Den Thunfisch mit dem Messer hacken.

6

Ingwer, Frühlingszwiebeln und das Shoyu hinzufügen und die Zutaten gut vermischen.

SERVIERVORSCHLAG
Den gut abgetropften Rettich in die Gläser füllen, das Thunfisch-Tataki darauf verteilen und jeweils mit ½ Teelöffel Wasabi garnieren.

FÜRS PERFEKTE TIMING
Zubereitungszeit: 20 Minuten
Ergibt 6 Gläser

KAPITEL 2

Fingerfood

AEG

Fingerfood

Fleischbällchen »Hoisin« mit Reisgranulat

400 g Hackfleisch (halb Schweinefleisch, halb Kalbfleisch)
6 Knoblauchzehen
2 Schalotten
10 g weißer Reis
1 TL geschroteter Pfeffer
1 TL Salz
1 TL Zucker
Pflanzenöl
Hoisin-Sauce

1

Den Knoblauch schälen, gegebenenfalls die Keime entfernen und die Zehen sehr fein hacken.

2

Die Schalotten schälen und fein hacken.

3

Den Reis ohne Zugabe von Fett in einer Pfanne goldbraun rösten und anschließend im Mörser zerstoßen.

4

In einer Schüssel das Hackfleisch mit Pfeffer, Salz, Zucker, dem zerstoßenen Reis, Knoblauch und Schalotten vermengen und danach 1 Stunde im Kühlschrank ruhen lassen.

5

Acht Bambusspieße wässern, damit sie beim Grillen nicht verbrennen. Aus dem Fleischteig walnussgroße Bällchen formen, etwas flach drücken und auf die Spieße stecken.

6

Den Grill mit etwas Öl einstreichen und die Spieße auf jeder Seite 3 Minuten grillen. Mit dem Reisgranulat bestreuen.

SERVIERVORSCHLAG
Die Spieße mit der Hoisin-Sauce und mit einem kleinen, mit Limettensaft und Nuoc-Mâm (vietnamesische Fischsauce) angemachten Salat servieren.

FÜRS PERFEKTE TIMING
Zubereitungszeit: 30 Minuten
Garzeit: 10 Minuten
Ergibt 8 Spieße

Risottokroketten mit Mozzarellaherz

150 g Carnaroli-Reis
1 Zwiebel
500 ml Fleischbrühe
30 g Butter
50 g Parmesan, gerieben
100 g Mozzarella
3 EL geriebener Parmesan
50 g Mehl
2 Eier
100 g Paniermehl
1 l Olivenöl

1

Für den Risotto die fein geschnittene Zwiebel in einer Sauteuse in etwas Olivenöl anbraten. Inzwischen die Brühe erhitzen. Den Reis zur Zwiebel geben, gut umrühren, etwas Brühe angießen und den Reis kochen lassen, bis er die Brühe aufgesogen hat. Den Vorgang so lange wiederholen, bis der Reis al dente gegart ist. Die Wärmezufuhr dann verringern, die Butter und den Parmesan unterrühren und den Risotto in einer Schüssel abkühlen lassen.

2

Den Mozzarella in 1 Zentimeter große Würfel schneiden.

3

Den Parmesan unter den erkalteten Risotto rühren. 1 Esslöffel Risotto auf der Handfläche verstreichen. 2 Mozzarellawürfel in die Mitte geben. Mit der anderen Hand etwas Reis auf dem Mozzarella verteilen, leicht andrücken und das Ganze anschließend zu einer 3 Zentimeter großen Kugel formen. Die Kugel zwischen den Handflächen rollen, damit sie eine schöne gleichmäßige Form bekommt.

4

Die Risottokugeln dann zunächst im Mehl, danach im verquirlten Ei und zum Schluss im Paniermehl wälzen.

5

Die Kroketten im sehr heißen Öl ausbacken und danach auf Küchenpapier abtropfen lassen.

SERVIERVORSCHLAG
Die Kroketten bis zum Servieren im 80 °C heißen Backofen warm halten.

TIPP
Den Mozzarella durch geräucherten Scamorza (halbfester italienischer Schnittkäse) ersetzen.

FÜRS PERFEKTE TIMING
Zubereitungszeit: 1 Stunde
Garzeit: 45 Minuten
Ergibt 15 Stück

Frühlingsrollen maritim

8 runde Reisblätter (etwa 20 cm Durchmesser)
1 Schweinefilet (etwa 400 g)
5 EL Fünf-Gewürze-Pulver
3 EL Austernsauce
2 EL Sojasauce
3 EL Zucker
8 Riesengarnelen, gekocht
1 fester Kopfsalat
1 Bund frische Minze
200 g Reisnudeln
Hoisin-Sauce
Erdnüsse, geröstet und grob gehackt

1

Das Schweinefilet mit dem Fünf-Gewürze-Pulver einreiben. Austernsauce, Sojasauce und Zucker verrühren und das Fleisch 2 Stunden darin marinieren lassen. Anschließend 35 Minuten bei 200 °C im Backofen garen, abkühlen lassen und in dünne Scheiben schneiden.

2

Die Garnelen schälen, von den Därmen befreien und der Länge nach halbieren. Den Salat und die Minze waschen und gut trocken schleudern.

3

Die Reisnudeln 15 Minuten in heißem Wasser einweichen, anschließend in kochendes Wasser geben und 1 Minute kochen. Sofort mit kaltem Wasser abschrecken, damit sie schön elastisch bleiben, und abtropfen lassen.

4

1 Reisblatt kurz in sehr heißes Wasser tauchen und auf eine Serviette legen. Das Reisblatt mit Garnelen belegen, ein Salatblatt darauflegen, eine kleine Handvoll Reisnudeln darauf verteilen, eine Scheibe Schweinefleisch darauflegen und zum Schluss einige Minzeblätter darauf verteilen. Das Blatt bis zur Mitte fest aufrollen, die Seiten einschlagen und das Blatt vollständig aufrollen. Dabei darauf achten, dass die Rolle gut verschlossen ist. Die restlichen Frühlingsrollen auf die gleiche Weise fertigstellen.

SERVIERVORSCHLAG
Die Erdnüsse unter die Hoisin-Sauce rühren und die Frühlingsrollen mit der Sauce servieren.

TIPP
Die Garnelen durch in Streifen geschnittenes Hummerfleisch ersetzen.

FÜRS PERFEKTE TIMING
Marinierzeit: 2 Stunden
Zubereitungszeit: 1 Stunde
Ergibt 8 Stück

Gyoza, Tokyo Noodle Bar Style

300 g Weizenmehl
1 Bund Schnittknoblauch
1 frische Ingwerwurzel
300 g Schweinehackfleisch
3 EL japanische Sojasauce
Pflanzenöl
Rayu (japanisches Chiliöl)

1

Das Mehl mit 200 Millilitern Wasser anrühren und anschließend zu einem glatten Teig verkneten. Den Teig mit einem feuchten Tuch abdecken und 1 Stunde ruhen lassen.

2

Die Knoblauchblätter hacken. Den Ingwer reiben (Sie benötigen etwa 1 Esslöffel).

3

Das Hackfleisch mit der Sojasauce vermengen, Ingwer und Schnittknoblauch hinzufügen und die Farce 30 Minuten im Kühlschrank ruhen lassen.

4

Den Teig in 5 Portionen teilen und jeweils zu 3 Zentimeter dicken Rollen formen. Jede Rolle in 5 Stücke schneiden und auf der bemehlten Arbeitsfläche mit dem Nudelholz zu dünnen runden Raviolіblättern ausrollen.

5

1 Esslöffel Farce in die Mitte der Teigblätter setzen und die Blätter zu Halbmonden verschließen. Die Ränder an mehreren Stellen zusammendrücken, sodass kleine Falten entstehen und die Teigtaschen gut verschlossen sind. Die Halbmondform mit dem gefältelten Rand ist die klassische Gyoza-Form.

6

Etwas Öl in einer Pfanne erhitzen und die Gyozas auf einer Seite darin anbraten. Anschließend so viel Wasser angießen, dass die Teigtaschen zur Hälfte damit bedeckt sind, und die Gyozas zugedeckt garen lassen, bis sie das Wasser vollständig aufgesogen haben.

SERVIERVORSCHLAG
Die Gyozas mit japanischer Sojasauce und japanischem Chiliöl servieren.

TIPP
Wenn Sie vorher noch eine einfache Miso-Suppe servieren, wird daraus ein richtiges kleines japanisches Menü.

FÜRS PERFEKTE TIMING
Zubereitungszeit: 1 Stunde 30 Minuten
Ruhezeit: 1 Stunde
Garzeit: 20 Minuten
Ergibt 25 Stück

Fingerfood

Sushi-Reis
– nur so!

500 g Sushi-Reis
1 Kombu-Blatt (etwa 12 cm)
75 ml Reisessig
30 g Zucker
7 g Salz
1 EL Mirin (süßer japanischer Reiswein)

1

Den Reis zunächst waschen. Den Reis dazu in eine Schüssel füllen und mit kaltem Wasser bedecken (den Reis nicht umrühren). Das Wasser abgießen, den Reis nochmals mit kaltem Wasser bedecken und durch kreisförmige Handbewegungen vorsichtig umrühren. Den Vorgang so lange wiederholen, bis das Wasser klar bleibt. Den Reis anschließend abgießen und etwa 20 Minuten in einem Holzsieb ruhen lassen.

2

Den Reis in eine Kasserolle geben, das Kombu-Blatt und etwa die anderthalbfache Menge Wasser hinzufügen. Den Deckel auflegen und während des Kochens nicht abnehmen. Sobald das Wasser kocht, den Herd auf niedrigste Stufe schalten, sodass das Wasser nur noch köchelt. Sobald an der Oberfläche kein Wasser mehr zu sehen ist, die Kasserolle vom Herd nehmen, ein Geschirrtuch zwischen Topf und Deckel befestigen, damit kein Kondenswasser auf den Reis tropfen kann, und den Reis 15 Minuten ruhen lassen.

3

Inzwischen die Würzmischung zubereiten. Dazu den Reisessig so lange mit Zucker, Salz und Mirin verrühren, bis sich der Zucker und das Salz aufgelöst haben.

4

Das Kombu-Blatt herausnehmen und den Reis in einen Holzbottich (Shushi Oke) füllen. Nach und nach die Würzmischung darübergießen und mit einem Holzspatel vorsichtig unter den Reis heben (nicht rühren). Den Reis dabei ständig mit einem Fächer kühlen. Sobald er auf Zimmertemperatur abgekühlt ist, mit einem feuchten Tuch abdecken.

SERVIERVORSCHLAG
Für Sushi-Rollen verwenden
(Rezept siehe Seite 46).

FÜRS PERFEKTE TIMING
Zubereitungszeit: 40 Minuten
Garzeit: 15 Minuten
Für etwa 50 Sushis

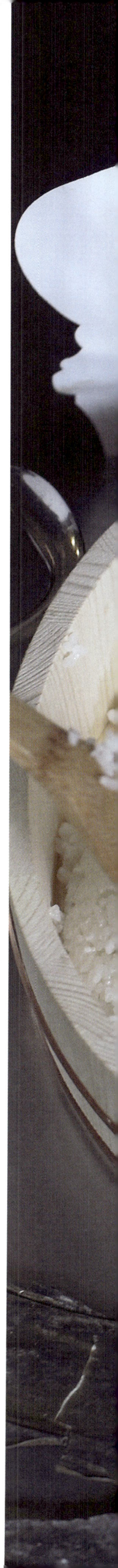

[Mmmm

Californian Crazy Sunny **Sushi**

1 Salatgurke
1 Avocado
10 mittelgroße Garnelen, gekocht
10 Nori-Blätter
Sushi-Reis, gekocht (siehe Seite 44)
1 Tube Wasabi-Paste
10 g Goma (gerösteter Sesam)
1 Glas Mayonnaise
Reisessig
Japanische Sojasauce

1

Die Gurke längs halbieren und die Kerne entfernen. In schmale Streifen von der Länge der Nori-Blätter schneiden. Die Avocado halbieren und den Stein entfernen. Das Fruchtfleisch aus der Schale lösen und in Streifen schneiden. Die Garnelen schälen, am Rücken einschneiden und die schwarzen Därme entfernen.

2

Ein Nori-Blatt (mit der glänzenden Seite nach unten) auf die Sushi-Matte legen, eine Schicht Reis ½–1 Zentimeter dick gleichmäßig darauf verteilen und mit Goma bestreuen. Mit Frischhaltefolie abdecken und das Nori-Blatt umdrehen.

3

1 Streifen Wasabi-Paste in der Mitte des Blattes auftragen und etwas Gurke, Avocado, Garnelen sowie einen kleinen Streifen Mayonnaise darum herum verteilen.

4

Das Nori-Blatt mithilfe der Sushi-Matte bis zur Mitte aufrollen. Die Frischhaltefolie entfernen und das Nori-Blatt vollständig zusammenrollen. Dabei darauf achten, dass die Rolle schön fest aufgerollt wird.

5

Die Rolle in 6–8 gleich große Stücke schneiden. Das Messer vorher in Wasser und Reisessig tauchen.

SERVIERVORSCHLAG
Mit japanischer Sojasauce und Wasabi servieren.

TIPP
Den Sesam durch eingelegten rosa Ingwer ersetzen.

FÜRS PERFEKTE TIMING
Zubereitungszeit: 30 Minuten
Ergibt 10–13 Sushi-Portionen à 6 Stück

Sultans Geheimnis
Knuspertaschen orientalisch gefüllt

1 Packung Brickblätter (findet man in arabischen Lebensmittelläden; ersatzweise Filoteig)
Olivenöl extra vergine
1 Sainte-Maure de Touraine (französischer Ziegenweichkäse)
20 g Rosinen
20 g Pistazien
20 g gemahlene Mandeln
4 EL Honig
200 g Mesclun (junge gemischte Blattsalate; fertig abgepackte Mischungen findet man in gut sortierten Supermärkten)
Cidre-Essig
Fleur de Sel
Pfeffer

1

Den Backofen auf 200 °C vorheizen.

2

6 Brickblätter auf beiden Seiten leicht mit Öl bepinseln (Filoteig zuvor in etwa 20 cm große Quadrate schneiden). In die Mitte jedes Blatts eine 1½ Zentimeter dicke Scheibe Käse legen.

3

Einige Rosinen und Pistazien, 1 Messerspitze gemahlene Mandeln und 1 Löffel Honig darauf verteilen.

4

Die Brickblätter über dem Käse zusammenfassen und mit Küchengarn zu Täschchen verschließen. Die fertigen Täschchen auf ein eingeöltes Backblech setzen.

5

Die Teigtaschen 10 Minuten im Backofen backen.

SERVIERVORSCHLAG
Den Mesclun mit Cidre-Essig, Olivenöl, Fleur de Sel und Pfeffer anmachen und die Teigtaschen darauf anrichten.

TIPP
Mit geräucherter Entenbrust und einem mit Walnussöl angemachten Salat servieren.

FÜRS PERFEKTE TIMING
Zubereitungszeit: 30 Minuten
Backzeit: 10 Minuten
Ergibt 6 Stück

Mini-**Spanakopitas**

½ Bund Frühlingszwiebeln
½ Bund Dill
100 g Butter
200 g frischer Spinat
Olivenöl
100 g Feta
1 Ei
Salz und Pfeffer
Muskatnuss
4 große Filoblätter (50 × 30 cm)

1

Den Backofen auf 180 °C vorheizen.

2

Die Frühlingszwiebeln in 5 Millimeter breite Ringe schneiden. Den Dill hacken.

3

Die Butter bei sehr geringer Hitze zerlassen.

4

Den Spinat in einer Pfanne in etwas Olivenöl zusammenfallen lassen und einige Minuten garen.

5

Den Feta in einer Schüssel mit der Gabel zerdrücken und zu einer Paste verrühren. Dill, Frühlingszwiebeln, Spinat und das Ei hinzufügen. Mit wenig Salz, Pfeffer und geriebener Muskatnuss abschmecken.

6

Die Filoblätter einzeln ausbreiten (die anderen Teigblätter inzwischen mit einem feuchten Tuch bedecken) und in 10 Zentimeter breite und 30 Zentimeter lange Streifen schneiden. Den Teig großzügig mit der zerlassenen Butter bepinseln. 1 Esslöffel Farce auf das untere Ende jedes Teigstreifens geben. Die Teigstreifen ein Stückchen aufrollen und die Seiten einschlagen.

7

Die Teigstreifen vollständig aufrollen und die fertigen Rollen mit Butter bepinseln.

8

Die Rollen auf ein mit Butter eingefettetes Backblech legen und im Backofen in 10 Minuten goldbraun backen.

TIPP
Noch einen Gurkensalat, Zaziki, Tarama … dazu reichen – und schon hat man eine kleine Mezze.

FÜRS PERFEKTE TIMING
Zubereitungszeit: 40 Minuten
Koch- und Backzeit: 15 Minuten
Ergibt 20 Stück

Athen-Tanger-Überraschung

3 Zwiebeln
1 gelbe Paprikaschote
1 rote Paprikaschote
1 grüne Paprikaschote
4 Stängel glatte Petersilie
1 Bund Koriandergrün
150 g Butter
3 EL Olivenöl
400 g Lammhackfleisch
1 TL gemahlener Ingwer
1 TL Paprikapulver edelsüß
Salz und schwarzer Pfeffer
1 Päckchen Filoblätter

1

Den Backofen auf 180 °C vorheizen.

2

Die Zwiebeln fein hacken. Die Paprikaschoten fein würfeln. Petersilie und Koriandergrün fein hacken. Die Butter bei geringer Hitze in einer Stielkasserolle zerlassen.

3

Das Olivenöl in einer Sauteuse erhitzen und die Paprikaschoten darin anschwitzen. Hackfleisch, Gewürze, Petersilie und Koriandergrün dazugeben, die Zutaten gut vermischen und das Ganze köcheln lassen, bis das Fleisch gar ist. Mit Salz und Pfeffer abschmecken und in einem Sieb abtropfen lassen.

4

Aus den Filoblättern 10 etwa 20 Zentimeter große Quadrate schneiden (Teig, der nicht gerade in Gebrauch ist, mit einem feuchten Tuch abdecken).

5

Die Teigquadrate großzügig mit Butter bepinseln, etwas von der Füllung in die Mitte geben und die Blätter zu quadratischen Päckchen falten (zunächst die rechte und die linke Seite über die Füllung schlagen, dann die obere und untere Seite).

6

Die Päckchen auf einem mit Butter eingefetteten Backblech verteilen und in 10–15 Minuten goldbraun backen.

SERVIERVORSCHLAG
Dazu passt ein mit Olivenöl angemachter Salat aus glatter Petersilie.

FÜRS PERFEKTE TIMING
Zubereitungszeit: 1 Stunde
Koch- und Backzeit: 20 Minuten
Ergibt 10 Stück

Fingerfood

Briouats
»Kefta cannelle«

250 g Lammhackfleisch
1 Zwiebel
2 Stängel glatte Petersilie
1 Bund Koriandergrün
Salz
1 TL gemahlener Kreuzkümmel
1 TL Rosenpaprika
2 TL gemahlener Zimt
1 EL Olivenöl extra vergine
4 Eier
2 große Filoblätter (30 × 50 cm)
100 g Butter, zerlassen

1

Den Backofen auf 180 °C vorheizen. Die Zwiebel und die Petersilienblätter fein hacken. Den Koriander ebenfalls fein hacken (Sie benötigen 2 Teelöffel).

2

Das Hackfleisch in einer Schüssel mit der Zwiebel und der Petersilie vermengen. Mit 1 Prise Salz, dem Kreuzkümmel, dem Rosenpaprika und 1 Teelöffel Zimt würzen und die Zutaten gründlich vermengen.

3

Das Öl erhitzen und das Fleisch bei geringer Hitze braten, bis die Flüssigkeit vollständig verdunstet ist. Das Fleisch dabei mit einem Holzpfannenwender zerkrümeln. Die Eier verquirlen, unter das Fleisch rühren und das Ganze etwa 5 Minuten bei sehr geringer Hitze unter Rühren garen lassen, bis die Eier gestockt sind (die Mischung darf nicht zu flüssig sein). Die Pfanne vom Herd nehmen und den gehackten Koriander untermischen.

4

Den Filoteig in etwa 10 Zentimeter breite und 30 Zentimeter lange Streifen schneiden und mit der zerlassenen Butter bepinseln. 1 Esslöffel Farce auf die untere Schmalseite setzen und die Streifen zu einem Dreieck falten (die rechte untere Ecke zum linken Rand hin umschlagen und fortfahren, bis ein Dreieck entstanden ist).

5

Die Teigtaschen auf ein mit Butter eingefettetes Backblech legen und 10 Minuten im Backofen backen.

SERVIERVORSCHLAG
Mit einer Joghurt-Minze-Sauce servieren.

FÜRS PERFEKTE TIMING
Zubereitungszeit: 1 Stunde
Koch- und Backzeit: 20 Minuten
Ergibt 10 Stück

Gamba-Ricotta-Dreieck »Sichuan«

10 Riesengarnelen
1 TL Sichuan-Pfeffer
50 g Butter
Olivenöl
250 g Ricotta
Fleur de Sel und Pfeffer
2 große Filoblätter (50 × 30 cm)

1

Den Backofen auf 180 °C vorheizen.

2

Die Garnelen schälen, am Rücken der Länge nach einschneiden und vorsichtig die Därme entfernen. Den Sichuan-Pfeffer zerstoßen.

3

Die Butter bei sehr geringer Hitze zerlassen und beiseitestellen.

4

Die Garnelen in etwas Olivenöl anbraten, den Sichuan-Pfeffer hinzufügen und einige Minuten mitbraten (die Garnelen sollten nicht zu sehr durchgegart sein). Den Ricotta mit Salz und Pfeffer würzen und gut verrühren.

5

Die Filoblätter in etwa 10 Zentimeter breite und 30 Zentimeter lange Streifen schneiden und mit der zerlassenen Butter bepinseln.

6

1 Esslöffel Ricotta und 1 Garnele auf das untere Ende der Schmalseite geben und die Teigstreifen zu Dreiecken falten. Dazu zunächst die rechte Ecke zum linken Rand hin umschlagen und fortfahren, bis ein Dreieck entstanden ist.

7

Die Dreiecke auf einem mit Butter eingefetteten Backblech verteilen und 10 Minuten im Backofen backen.

SERVIERVORSCHLAG
Mit einem Rucolasalat und gerösteten Pinienkernen servieren.

TIPP
Ein paar Garnelen extra dazu servieren.

FÜRS PERFEKTE TIMING
Zubereitungszeit: 1 Stunde
Koch- und Backzeit: 20 Minuten
Ergibt 10 Stück

Famose Samosas mit Hähnchen und Mandeln

100 g Hähnchenbrust
1 Zwiebel
1 Bund Koriandergrün
1 Bund glatte Petersilie
2 EL Olivenöl
1 TL gemahlener Safran
1 Zimtstange
30 g Zucker
100 g gemahlene Mandeln
1 Ei
2 große Filoblätter (50 × 30 cm)
Butter für das Backblech

1

Den Backofen auf 180 °C vorheizen.

2

Die Hähnchenbrust und die Zwiebel fein hacken. Die Kräuter ebenfalls fein hacken.

3

Das Öl in einer Sauteuse erhitzen. Das Fleisch mit Zwiebel, Kräutern, Gewürzen und Zucker hineingeben.

4

Etwas Wasser angießen und das Ganze 15 Minuten köcheln lassen, bis die Flüssigkeit vollständig verdunstet ist.

5

Die Mischung in eine Schüssel füllen und abkühlen lassen. Anschließend die gemahlenen Mandeln und das Ei untermengen.

6

Aus den Filoblättern Dreiecke wie im Rezept Seite 57 beschrieben herstellen.

7

Die Samosas auf einem mit Butter eingefetteten Backblech verteilen und 10 Minuten im Backofen backen.

SERVIERVORSCHLAG
Auf einem Tatar aus roten Paprikaschoten servieren.

TIPP
Dazu passt ein mit Mandelöl angemachter Salat.

FÜRS PERFEKTE TIMING
Zubereitungszeit: 1 Stunde
Koch- und Backzeit: 20 Minuten
Ergibt 10 Stück

Minis mit Minze Frittierte Frühlingsrollen

100 g Reisnudeln
50 g Morcheln
100 g Karotten
2 Zwiebeln
100 g Sojasprossen
300 g Schweinehackfleisch
1 Ei
Salz und Pfeffer
150 g Zucker
20 dreieckige Reisblätter
1 l Öl zum Frittieren
2–3 rote Chilischoten
200 ml Fischsauce
100 ml Branntweinessig
1 Kopfsalat
1 Bund Minze

1

Die Reisnudeln und die Morcheln separat in heißem Wasser einweichen. Beide nach 15 Minuten abgießen. Die Morcheln in feine Streifen, die Reisnudeln in 4–5 Zentimeter große Stücke schneiden. Nudeln und Pilze mischen.

2

Die Karotten in Juliennestreifen schneiden. Die Zwiebeln sehr fein schneiden. Beides mit Sojasprossen, Hackfleisch, dem verquirlten Ei, Salz, Pfeffer und 1 Prise Zucker zur Nudel-Pilz-Mischung geben und alles gut vermengen.

3

Die Reisblätter in heißes Wasser tauchen, damit sie weich werden. Abtropfen lassen und auf einer Serviette glatt auslegen. Jeweils ein Blatt mit der Spitze nach oben legen und auf seine Basis 1 Esslöffel der Füllung geben. Das Blatt bis zur Mitte aufrollen, die Seiten nach innen einschlagen und das Blatt vollständig aufrollen. Darauf achten, dass die Rolle schön fest ist.

4

Damit sie schön knusprig werden, die Frühlingsrollen zunächst im 160 °C heißen Öl frittieren und dann noch einmal bei 185 °C. Sobald sie goldbraun und knusprig sind, auf Küchenpapier abtropfen.

SERVIERVORSCHLAG

Für die Sauce die roten Chilischoten mit dem restlichen Zucker, der Fischsauce und dem Essig im Mixer pürieren. Die Frühlingsrollen in ein Salatblatt einschlagen und mit einem Minzeblatt garnieren.

FÜRS PERFEKTE TIMING

Zubereitungszeit: 1 Stunde 15 Minuten
Garzeit: 20 Minuten
Ergibt 20 Stück

竹梅
燗で冴える
冷やで冴える

Yakitori-Variationen

Zuerst die Sauce

1 Stück Hähnchenhaut
50 ml japanische Sojasauce
50 ml Mirin
1 EL Zucker
1 EL Honig

Die Hähnchenhaut in einer Stielkasserolle auslassen. Sojasauce, Mirin, Zucker und Honig hinzufügen. Aufkochen, die Sauce bei geringer Hitze etwa 10 Minuten einkochen lassen und anschließend durch ein Sieb passieren.

Hähnchen & Lauch

4 Hähnchenkeulen
1 Stange Lauch

1

Die Hähnchenkeulen entbeinen und den Lauch in 2 Zentimeter lange Stücke schneiden.

2

Das Fleisch und den Lauch abwechselnd auf 10–12 Bambusspieße stecken.

3

Den Grill vorheizen und die Spieße grillen. Dabei laufend mit der Sauce bestreichen und von Zeit zu Zeit wenden.

Rindfleisch & Kürbis

300 g Entrecote
200 g Kürbisfruchtfleisch

1

Das Kürbisfruchtfleisch in etwa 2 Zentimeter große Würfel schneiden, 5 Minuten in kochendem Wasser blanchieren und beiseitestellen.

2

Das Fleisch ebenfalls in 2 Zentimeter große Würfel schneiden.

3

Fleisch- und Kürbiswürfel abwechselnd auf 10–12 Bambusspieße stecken.

4

Den Grill vorheizen und die Spieße grillen, bis das Fleisch und der Kürbis leicht gebräunt sind. Die Spieße dabei laufend mit der Sauce bestreichen und von Zeit zu Zeit wenden.

Fingerfood

Yakitori-Variationen

Gambas & Shiitake

8 Gambas
8 frische Shiitake-Pilze

1

Jeweils eine Gamba und einen Shiitake-Pilz auf einen Bambusspieß stecken.

2

Den Grill vorheizen und die Spieße grillen, bis die Gambas gar sind. Die Spieße dabei laufend mit der Sauce bestreichen und von Zeit zu Zeit wenden.

Tintenfisch solo

300 g kleine Tintenfische

1

Jeweils 4–5 Tintenfische auf 8 Spieße stecken.

2

Den Grill vorheizen und die Spieße grillen, bis die Tintenfische gar sind. Die Spieße dabei laufend mit der Sauce bestreichen und von Zeit zu Zeit wenden.

SERVIERVORSCHLAG
Die Spieße auf einer Schüssel Reis anrichten.

TIPP
Laden Sie doch einmal zu einem Yakitori-Abend ein, bei dem Sie alle hier vorgestellten Spieße servieren.

FÜRS PERFEKTE TIMING
Zubereitungszeit: 30 Minuten
Garzeit: 15 Minuten
Ergibt jeweils 8 Spieße

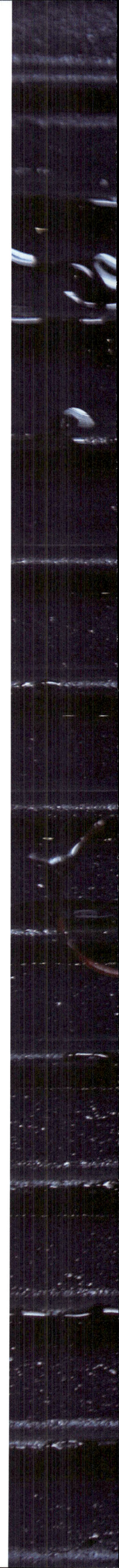

»Scampi Wasabi« Riesengarnelen mit Wasabi-Mayonnaise

16 Riesengarnelen
100 g Mehl
3 Eier
300 g Panko-Paniermehl (in Asialäden erhältlich)
200 ml Traubenkernöl
1 EL Wasabi
1 l Öl zum Frittieren
100 ml Pflanzenöl

1

Die Garnelen schälen, am Rücken einschneiden und die Därme entfernen.

2

Anschließend zunächst im Mehl wälzen, durch 2 verquirlte Eier (das dritte Ei für die Mayonnaise aufheben) ziehen und zum Schluss im Paniermehl wenden.

3

Aus dem Traubenkernöl und dem restlichen Ei eine Mayonnaise herstellen und das Wasabi unterrühren.

4

Die Garnelen etwa 3 Minuten im sehr heißen Öl frittieren und auf Küchenpapier abtropfen lassen.

SERVIERVORSCHLAG
Die Garnelen in Schälchen auf der Mayonnaise anrichten.

TIPP
Die Riesengarnelen durch Scampi ersetzen.

FÜRS PERFEKTE TIMING
Zubereitungszeit: 30 Minuten
Garzeit: 5 Minuten
Für 16 Riesengarnelen

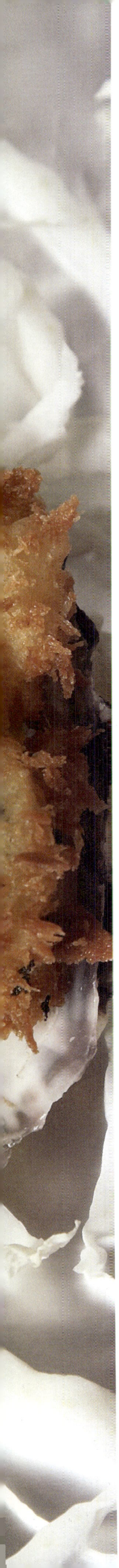

Fingerfood

Tempura-Austern
in Schale

16 Felsenaustern
200 g Tempura-Mehl (in Asialäden erhältlich)
1 Ei
300 g Panko-Paniermehl (in Asialäden erhältlich)
Öl zum Frittieren

Tonkatsu-Sauce (in Asialäden erhältlich)

1

Die Austernschalen vorsichtig öffnen und die Austern herauslösen.

2

Das Tempura-Mehl mit dem Ei vermengen und so viel Wasser (etwa 250 Milliliter) unterrühren, dass ein dicker Teig entsteht.

3

Die Austern zunächst in den Teig tauchen und anschließend im Paniermehl wenden.

4

Das Öl auf 180 °C erhitzen und die Austern darin frittieren. Sobald sie schön goldbraun sind, mit einem Schaumlöffel herausnehmen und wieder in die Schalen legen.

SERVIERVORSCHLAG
Mit der Tonkatsu-Sauce servieren.

TIPP
Dazu passt ein Salat aus Gurke, Kirschtomaten, Schalotte, Reisessig und frischen Chilischoten.

FÜRS PERFEKTE TIMING
Zubereitungszeit: 20 Minuten
Garzeit: 5 Minuten
Für 16 Austern

Fingerfood

Muschel-Galettes
süßsauer

1 kg gedämpfte Miesmuscheln
300 g Tempura-Mehl
3 Eier
Salz
Frisch gemahlener Pfeffer
100 ml Kokosmilch
1 Bund Frühlingszwiebeln
Öl zum Braten
500 g Sojasprossen

Für die süßsaure Sauce
50 ml Branntweinessig
100 g Zucker
10 g Salz
2 EL Sambal Oelek

1

Die Saucenzutaten mit 100 Millilitern Wasser in einer Kasserolle erhitzen. Sobald sich der Zucker aufgelöst hat, den Topf vom Herd nehmen und die Sauce abkühlen lassen.

2

Die Muscheln aus den Schalen lösen.

3

In einer Schüssel das Tempura-Mehl mit den Eiern, Salz und Pfeffer vermengen und mit Kokosmilch und etwa 300 Millilitern Wasser verdünnen, bis ein glatter Teig entstanden ist.

4

Eine Pfanne mit Öl einfetten und erhitzen. 1 Schöpflöffel Teig hineingeben und durch Schwenken der Pfanne verteilen, einige Muscheln und 1 Handvoll fein geschnittene Frühlingszwiebeln hinzufügen. Den Pfannkuchen wenden, sobald der Teig unten schön gebräunt ist, und auf der anderen Seite backen. Auf die gleiche Weise noch 3 weitere Pfannkuchen backen. Die fertigen Galettes auf Küchenpapier abtropfen lassen.

SERVIERVORSCHLAG
Die Sauce in Schälchen anrichten und mit den Sojasprossen zu den Galettes servieren.

TIPP
Statt der großen, mehrere kleine Pfannkuchen backen.

FÜRS PERFEKTE TIMING
Zubereitungszeit: 1 Stunde
Garzeit: 30 Minuten
Ergibt 4 Galettes

Polpettines »Balsamico«

300 g Hackfleisch (halb Schwein, halb Kalb)
1 Bund glatte Petersilie
1 Knoblauchzehe
2 Eigelb
100 g Parmesan, gerieben
Salz und frisch gemahlener Pfeffer
50 g Mehl
5 EL Olivenöl extra vergine
2 EL Balsamico-Essig
Rucola
Parmesan

1

1 Handvoll Petersilienblätter mit dem Knoblauch hacken.

2

In einer großen Schüssel das Hackfleisch mit Knoblauch, Petersilie, 2 Eigelb und dem Parmesan vermengen und mit Salz und Pfeffer abschmecken.

3

Zu Bällchen formen, anschließend im Mehl wälzen.

4

Die Fleischbällchen entweder in etwas Olivenöl in der Pfanne braten oder auf einem mit Backpapier ausgelegten Backblech im Backofen garen. Die fertigen Fleischbällchen auf einer Platte anrichten, mit einem guten Balsamico-Essig beträufeln und servieren.

SERVIERVORSCHLAG
Mit Rucola und Parmesanspänen servieren.

TIPP
Ein echter, 12 Jahre alter Aceto balsamico di Modena!

FÜRS PERFEKTE TIMING
Zubereitungszeit: 30 Minuten
Garzeit: 10 Minuten
Ergibt etwa 15 Fleischbällchen

Kalbfleisch-Bocconcini mit Salbei im Pancetta-Mantel

300 g hauchdünne Kalbsschnitzel
10 Scheiben Pancetta
1 Bund Salbei
30 g Butter
Trockener Weißwein
Olivenöl extra vergine

1

Die Kalbsschnitzel zu 5 × 3 Zentimeter großen Rechtecken zurechtschneiden und aufrollen. Jeweils mit 1 Salbeiblatt belegen und mit 1 Scheibe Pancetta umwickeln. Die Bocconcini gegebenenfalls mit Zahnstochern zustecken.

2

Die Bocconcini in der Pfanne in etwas Olivenöl bei starker Hitze anbraten, damit die Pancetta schön knusprig wird.

3

Den Bratfond mit dem Weißwein ablöschen, die Bocconcini bei geringer Hitze fertig garen und anschließend warm halten.

4

Die Pfanne vom Herd nehmen, die Butter hineingeben und mit der Garflüssigkeit verrühren. Die Sauce durch ein Sieb passieren und die Bocconcini damit überziehen.

SERVIERVORSCHLAG
Dazu passt ein Salat aus jungen Sprossen. Und wenn man von Fingerfood einmal absieht, auch Kartoffelpüree mit Parmesan.

TIPP
Die Bocconcini unmittelbar vor dem Servieren mit 1 Tropfen Trüffelöl beträufeln.

FÜRS PERFEKTE TIMING
Zubereitungszeit: 25 Minuten
Garzeit: 15 Minuten
Ergibt 10 Stück

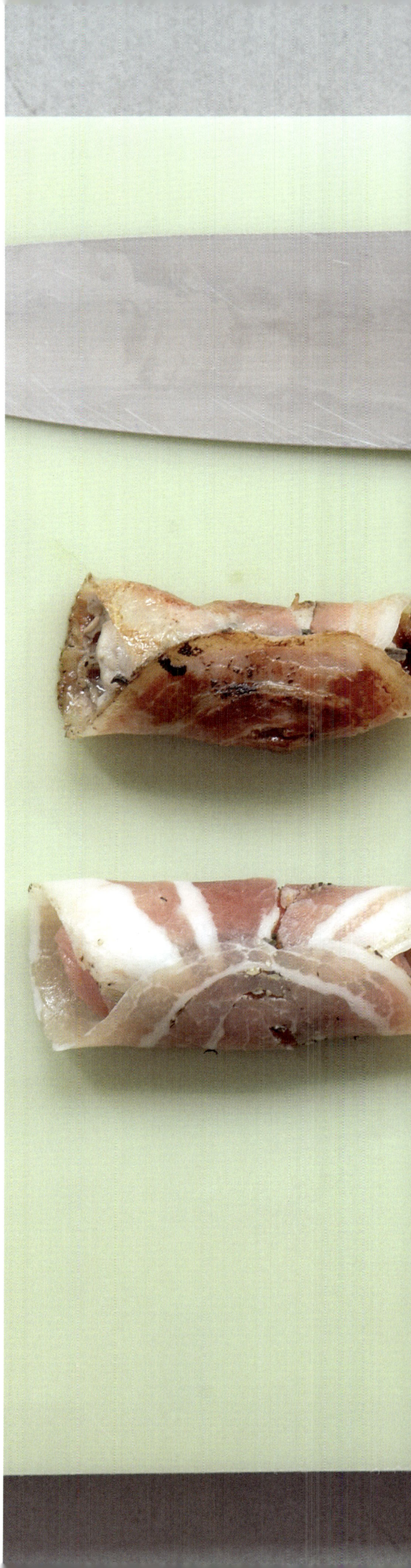

KAPITEL 3

Gedämpfte Häppchen

Duo Thaï
Hähnchen und Garnelen im Bananenblatt

2 schöne Bananenblätter
250 g Hähnchenbrust
1 frische rote Thai-Chili
7 Kaffirlimettenblätter
8 rohe Riesengarnelen ohne Köpfe
3 EL rote Currypaste
800 ml Kokosmilch
50 ml Fischsauce
3 EL Palmzucker
2 Stängel Thai-Basilikum

1

Für die Körbchen aus den Bananenblättern 8 Kreise mit 15 Zentimeter Durchmesser ausschneiden. Die Seiten im rechten Winkel hochbiegen und so zusammenklammern, dass ein quadratisches Körbchen entsteht. Die Ränder mit der Schere begradigen.

2

Die Chilischote und 5 Kaffirlimettenblätter sehr fein hacken. Die Garnelen schälen, am Rücken einschneiden und die schwarzen Därme entfernen.

3

Die Hähnchenbrust in kleine Würfel schneiden, in einer Schüssel mit der Currypaste und den fein gehackten Kaffirlimettenblätter vermengen und ein paar Esslöffel Kokosmilch unterrühren. Den Palmzucker und die Fischsauce hinzufügen und die Zutaten gut verrühren. Die restliche Kokosmilch bei starker Hitze in einer Stielkasserolle reduzieren, damit sie sämiger wird.

4

2–3 Basilikumblätter in jedes Bananenblattkörbchen legen. 1 großen Löffel Fleischfarce daraufgeben, 1 Garnele darauflegen, mit etwas reduzierter Kokosmilch bedecken und mit etwas gehackter Chilischote und den restlichen in feine Streifen geschnittenen Kaffirlimettenblättern bestreuen. Die Körbchen anschließend etwa 15 Minuten dämpfen.

SERVIERVORSCHLAG
Dazu passt thailändischer Reis.

FÜRS PERFEKTE TIMING
Zubereitungszeit: 1 Stunde
Garzeit: 15 Minuten
Für 8 Körbchen

Dim Sum, Klößchen & Co.

Gedämpfte Fleischklößchen »Shao Mai«

200 g Schweinehackfleisch
50 g getrocknete Shiitake-Pilze
100 g Riesengarnelenschwänze
Salz
1 EL Zucker
1 TL frisch gemahlener Pfeffer
10 Wantan-Blätter
Rote Lebensmittelfarbe (nach Belieben; sollte aber nicht fehlen, wenn's »echt« chinesisch sein soll)

1

Die Pilze 30 Minuten in heißem Wasser einweichen, anschließend abspülen und mit dem Messer hacken.

2

Die Garnelen schälen, am Rücken einschneiden und die Därme entfernen. Die Garnelen anschließend hacken.

3

Das Hackfleisch mit den Garnelen und den Pilzen mischen und mit Salz, Zucker und Pfeffer würzen.

4

Mit einer runden Ausstechform (etwa 5 Zentimeter Durchmesser) Kreise aus den Wantan-Blättern ausstechen. Ein Klößchen Farce in die Mitte setzen und die Seiten hochschlagen.

5

Die Klößchen in einen Dämpfeinsatz setzen und 15 Minuten dämpfen.

SERVIERVORSCHLAG
Dazu passt eine pikante Sauce.

TIPP
In China verziert man die Farce vor dem Garen mithilfe eines Zahnstochers noch mit einem Tupfer roter Lebensmittelfarbe.

FÜRS PERFEKTE TIMING
Zubereitungszeit: 1 Stunde
Garzeit: 15 Minuten
Ergibt 10 Stück

Dim Sum, Klößchen & Co.
Gedämpfte chinesische Ravioli

50 g getrocknete Shiitake-Pilze
50 g Wasserkastanien (Dose)
1 Bund Frühlingszwiebeln
300 g Hackfleisch
(halb Schweinefleisch, halb Kalbfleisch)
1 EL Zucker
4 EL Sojasauce
1 TL frisch gemahlener Pfeffer
10 Wantan-Blätter

1

Die Pilze 30 Minuten in heißem Wasser einweichen, anschließend abspülen und in feine Streifen schneiden. Die Wasserkastanien fein würfeln. Die Frühlingszwiebeln hacken.

2

In einer Schüssel das Hackfleisch gut mit Zucker, Pfeffer, Sojasauce, Wasserkastanien, den Pilzen und den Frühlingszwiebeln vermengen.

3

1 Teelöffel Farce auf jedes Wantan-Blatt setzen, die Blätter einmal zusammenschlagen und die Ränder in Falten legen und fest zusammendrücken.

4

Die Ravioli in einen Dämpfkorb legen und 15 Minuten dämpfen.

SERVIERVORSCHLAG
Dazu passt eine pikante Sauce oder Sojasauce.

FÜRS PERFEKTE TIMING
Zubereitungszeit: 1 Stunde
Garzeit: 15 Minuten
Ergibt 10 Stück

Dim Sum, Klößchen & Co.
Rindfleischbällchen im Reiskleid

350 g Rinderhackfleisch
50 g Wasserkastanien (Dose)
3 EL helle Sojasauce
Frisch gemahlener Pfeffer
1 EL Zucker
100 g Klebreis (es muss unbedingt Klebreis sein!)

1

Den Reis etwa 1 Stunde in heißem Wasser einweichen, dann abgießen.

2

Die Wasserkastanien fein würfeln und mit dem Hackfleisch vermengen. Mit Sojasauce und Zucker abschmecken, Bällchen aus dem Fleischteig formen und im Reis wälzen.

3

Die Hackfleischbällchen in einen Dämpfkorb legen und etwa 15 Minuten dämpfen, bis der Reis durchsichtig ist.

SERVIERVORSCHLAG
Die Fleischbällchen mit Sojasauce servieren.

FÜRS PERFEKTE TIMING
Zubereitungszeit: 1 Stunde 15 Minuten
Garzeit: 15 Minuten
Ergibt 10 Stück

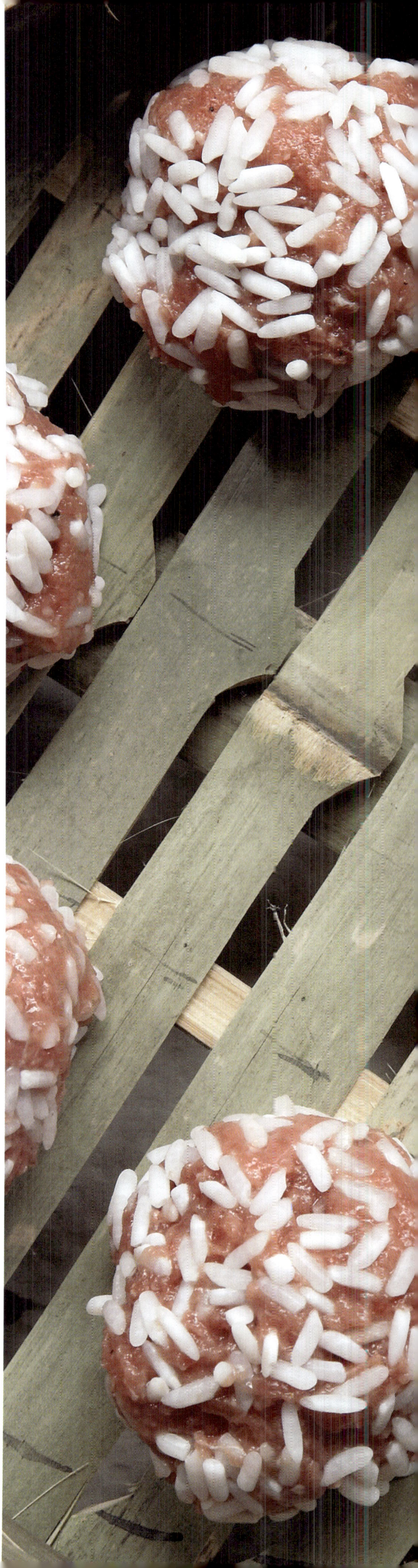

Dim Sum, Klößchen & Co.
Gedämpfte Garnelen »Ha Kao«

200 g Weizenmehl
4 TL Maismehl
3 EL Pflanzenöl
300 g Riesengarnelenschwänze
Salz
1 TL Zucker
1 TL frisch gemahlener Pfeffer

1

Für den Teig Weizenmehl, Maismehl und Pflanzenöl in einer Schüssel vermengen. Nach und nach 250 Milliliter kochendes Wasser angießen und dabei laufend rühren. Ist der Teig zu klebrig, noch etwas Mehl hinzufügen. Den Teig zu einer langen Rolle formen, in 24 gleich große Stücke teilen und mit einer feuchten Serviette abdecken.

2

Die Teigstücke mit dem Nudelholz zu etwa 8 Zentimeter großen Kreisen ausrollen (ein Stück Frischhaltefolie auf den Teig legen, damit er nicht am Nudelholz festklebt).

3

Die Garnelen schälen, am Rücken einschneiden und die schwarzen Därme entfernen. Die Garnelen anschließend fein würfeln und mit Salz, Zucker und Pfeffer würzen.

4

Auf jede Teigscheibe 1 Teelöffel Garnelen setzen (nicht direkt in die Mitte) und die andere Teighälfte darüberschlagen. Den Rand fest andrücken, sodass kleine Falten entstehen und die Teigtaschen gut verschlossen sind.
Die Teigtaschen in einen Dämpfkorb legen und 15 Minuten dämpfen, bis der Teig weiß und durchscheinend ist.

SERVIERVORSCHLAG
Dazu passt eine pikante Sauce.

FÜRS PERFEKTE TIMING
Zubereitungszeit: 1 Stunde
Garzeit: 15 Minuten
Ergibt 24 Stück

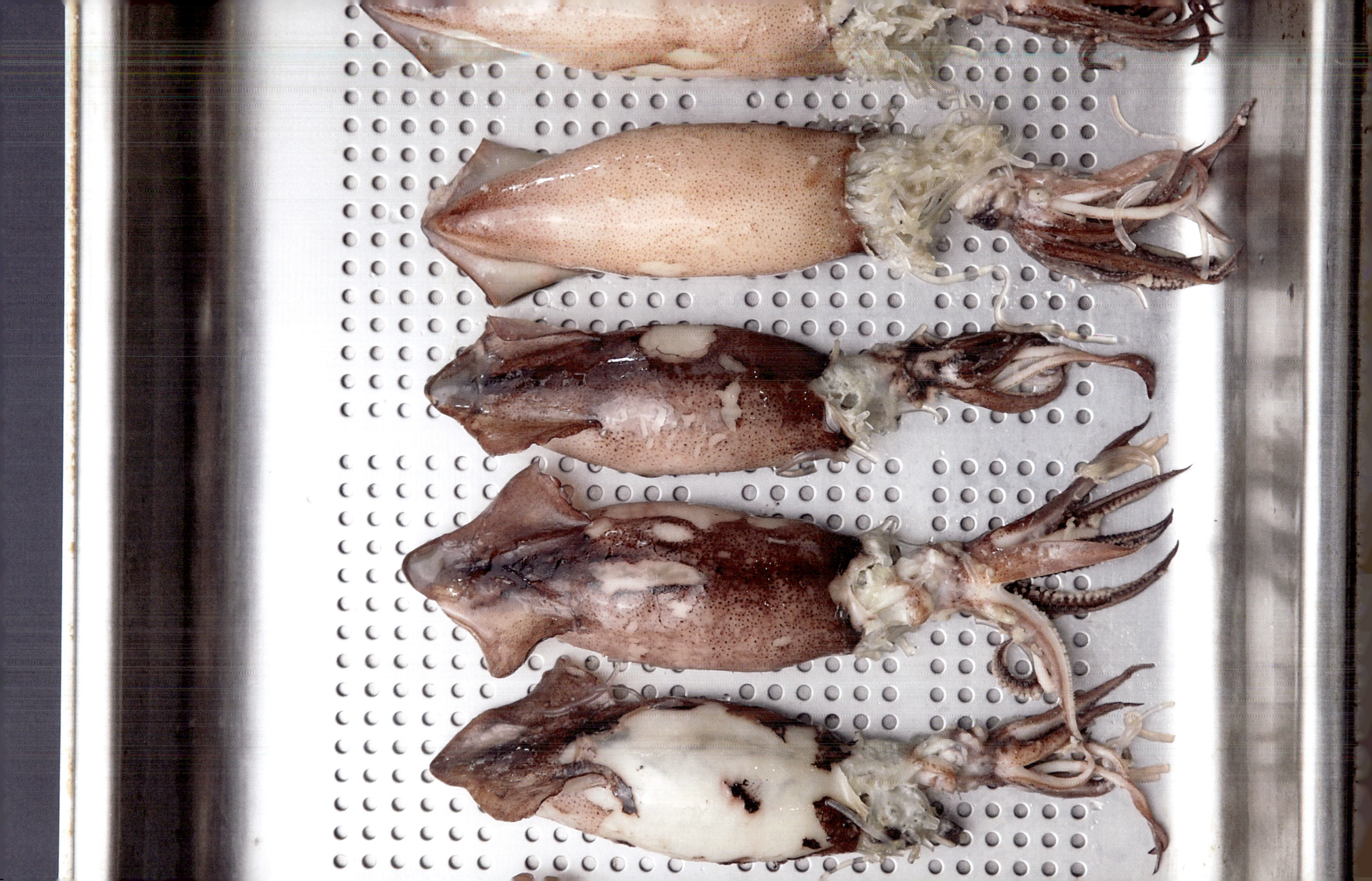

Mini-Kalmare mit Shiitake-Füllung

8 kleine Kalmare
50 g getrocknete Shiitake-Pilze
50 g Glasnudeln
200 g Kalbshackfleisch
2 EL Sojasauce
1 TL Pfeffer

1

Die Pilze 30 Minuten in heißem Wasser einweichen, anschließend abtropfen lassen und in feine Streifen schneiden.

2

Die Kalmare waschen, häuten und putzen, dann beiseitestellen.

3

Die Nudeln 15 Minuten in heißem Wasser einweichen und danach in 5 Zentimeter lange Stücke schneiden.

4

Das Fleisch mit den Pilzen und den Nudeln vermengen und mit Sojasauce und Pfeffer würzen.

5

Die Kalmare vorsichtig mit der Fleischfarce füllen. Dabei darauf achten, dass sie nicht einreißen. In einen Dämpfkorb legen und 20 Minuten dämpfen.

SERVIERVORSCHLAG
Die gefüllten Kalmare mit Sojasauce servieren.

TIPP
Die gegarten Kalmare in Panko-Mehl (aus dem Asialaden) wenden und kurz frittieren.

FÜRS PERFEKTE TIMING
Zubereitungszeit: 1 Stunde
Garzeit: 20 Minuten
Ergibt 8 Stück

Jakobsmuscheln »schwarz-weiß«

8 Jakobsmuscheln
4 Knoblauchzehen
4 EL dunkle Sojasauce
2 EL Zucker
Frisch gemahlener Pfeffer
Pflanzenöl

1

Den Knoblauch schälen, fein hacken und in reichlich Öl goldbraun frittieren. Das Öl anschließend durch ein Sieb seihen.

2

Die Sojasauce mit dem Zucker verrühren, mit Pfeffer würzen und bei geringer Hitze um die Hälfte reduzieren.

3

Die Sauce in ein Gefäß füllen, das in Ihren Dämpfeinsatz passt. Die Jakobsmuscheln in die Sauce legen, mit dem frittierten Knoblauch bestreuen und 10 Minuten dämpfen.

SERVIERVORSCHLAG
Auf Sojasauce servieren.

TIPP
Jakobsmuscheln mit Schalen kaufen. Die Schalen öffnen und die Nüsschen herauslösen. Die Schalen säubern, die Nüsschen mit der Sauce und dem Knoblauch in die Schalen füllen und in den Schalen dämpfen.

FÜRS PERFEKTE TIMING
Zubereitungszeit: 30 Minuten
Garzeit: 10 Minuten
Ergibt 8 Stück

KAPITEL 4

Im Minitopf

Im Minitopf

Ossobuco, butterzart

4 kleine Scheiben Kalbshaxe
Mehl
1 Zwiebel
50 g Butter
Salz und frisch gemahlener schwarzer Pfeffer
Weißwein
1 Bund glatte Petersilie
1 Knoblauchzehe
1 unbehandelte Zitrone

1

Den Backofen auf 160 °C vorheizen.

2

Die dünne Haut, die die Kalbshaxen umgibt, einschneiden, damit sich das Fleisch beim Garen nicht »wellt«. Die Haxen anschließend in Mehl wälzen.
Die Zwiebel fein schneiden.

3

Die Butter in einer ausreichend großen Pfanne zerlassen, die Zwiebeln und die Haxen hineingeben, mit Salz und Pfeffer würzen und das Fleisch rundherum anbraten.

4

Die Haxen anschließend auf 4 kleine Schmortöpfe verteilen und mit Weißwein bedecken.
Die Deckel auflegen und das Fleisch 2 Stunden im Backofen schmoren.

5

Inzwischen die Gremolata – die klassische Ossobuco-Würzmischung – herstellen.
Dazu Petersilie und Knoblauch hacken und mit der abgeriebenen Zitronenschale und 1 Prise Salz vermengen.

SERVIERVORSCHLAG
Die Haxen mit der Gremolata bestreuen und im Kochgeschirr servieren.

FÜRS PERFEKTE TIMING
Zubereitungszeit: 2 Stunden 15 Minuten
Garzeit: 2 Stunden
Für 4 Mini-Schmortöpfe

Im Minitopf

Kohlroulade köstlich gefüllt (Mortadella, Parmesan, Morcheln)

50 g Morcheln
4 Scheiben Weißbrot
100 g Parmesan
50 g Mortadella
1 kleine Gemüsezwiebel
1 Knoblauchzehe
300 g Kalbshackfleisch
1 Ei
Salz und Pfeffer
1 Weißkohl
300 ml Kalbsfond (aus dem Glas)

1

Die Morcheln 1 Stunde in lauwarmem Wasser einweichen. Den Backofen auf 180 °C vorheizen. Das Weißbrot entrinden und in einer Schüssel einweichen. Den Parmesan reiben. Die Mortadella hacken. Zwiebel und Knoblauch schälen und fein hacken.

2

Das Hackfleisch mit dem ausgedrückten Weißbrot, der Mortadella, der Zwiebel, dem Knoblauch, Parmesan, Ei, den abgetropften Morcheln sowie Salz und Pfeffer vermengen.

3

8 Kohlblätter 1 Minute in kochendem Salzwasser blanchieren, mit der Rückseite nach oben auf der Arbeitsfläche ausbreiten und die unteren 2 Zentimeter der Blattrippen dreieckförmig herausschneiden.

4

Die Blätter umdrehen und je 2 übereinanderlegen. Je 2 Esslöffel Farce daraufgeben und die Blätter von unten her aufrollen. Dabei die Seiten nach innen einschlagen. Die Rouladen mit Küchengarn zubinden.

5

Die Rouladen auf kleine Schmortöpfe verteilen und etwas Kalbsfond angießen. Die Deckel auflegen und die Rouladen 30 Minuten im Backofen garen.

SERVIERVORSCHLAG
Mit in Olivenöl gebratenen neuen Kartoffeln servieren.

TIPP
Dazu passen gebratene Morcheln.

FÜRS PERFEKTE TIMING
Zubereitungszeit: 1 Stunde
Garzeit: 30 Minuten
Für 4 Mini-Schmortöpfe

Im Minitopf

Krebssoufflé aus dem Töpfchen

2 Schalen Krebsfleisch (250 g)
70 g Butter + Butter zum Einfetten
50 g Mehl + Mehl zum Ausstäuben
1 l Fischfond
4 Eier
1 Döschen Tomatenmark
Salz und Pfeffer
Cayennepfeffer

1

Den Backofen auf 160 °C vorheizen.

2

Für die Bechamelsauce die Butter bei geringer Hitze in einer Kasserolle zerlassen. Das Mehl mit einem Holzkochlöffel einrühren und das Ganze kurz aufkochen lassen. Anschließend unter Rühren nach und nach den Fischfond angießen.

3

Sobald die Sauce eine leicht cremige Konsistenz hat, den Topf vom Herd nehmen, die Eigelbe, das Krebsfleisch und 1 Löffel Tomatenmark unterrühren. Mit Salz, Pfeffer und 1 Prise Cayennepfeffer abschmecken.

4

Die Eiweiße steif schlagen und vorsichtig unter die Sauce heben.

5

4 kleine Schmortöpfe mit Butter einfetten und mit Mehl ausstäuben. Achtung: Nach dem Einfetten die Wände nicht mehr berühren, sonst geht das Soufflé unter Umständen nicht gleichmäßig auf. Die Masse einfüllen und die Soufflés zunächst 15 Minuten bei 160 °C und danach nochmals 10 Minuten bei 180 °C backen. Die Backzeit kann allerdings je nach Herd variieren. Schauen Sie also immer mal durch das Herdfenster, ob Ihr Soufflé schon die richtige Farbe hat!

TIPP
Noch besser wird's mit frischem Krebsfleisch.

FÜRS PERFEKTE TIMING
Zubereitungszeit: 1 Stunde
Garzeit: 25 Minuten
Für 4 Mini-Schmortöpfe

Im Minitopf

Comté soufflé
(Käse pur)

125 g Comté
70 g Butter + Butter zum Einfetten
50 g Mehl + Mehl zum Ausstäuben
250 ml Milch
4 Eier
Salz und frisch gemahlener schwarzer Pfeffer
1 Messerspitze geriebene Muskatnuss

1

Den Backofen auf 160 °C vorheizen.
Den Comté reiben.

2

Eine dicke Bechamelsauce zubereiten. Dazu die Butter bei geringer Hitze in einer Kasserolle zerlassen. Nach und nach das Mehl mit einen Holzkochlöffel einrühren und die Mehlschwitze kurz aufkochen lassen. Sobald sie zu kochen beginnt, nach und nach unter Rühren die kalte Milch angießen.

3

Sobald die Sauce eine leicht cremige Konsistenz hat, den Topf vom Herd nehmen, die Eigelbe und den Käse unterrühren und mit Salz, Pfeffer und 1 Messerspitze Muskat abschmecken.

4

Die Eiweiße steif schlagen und vorsichtig unter die Sauce heben.

5

4 kleine Schmortöpfe mit Butter einfetten und mit Mehl ausstäuben. Achtung: Nach dem Einfetten die Wände nicht mehr berühren, sonst geht das Soufflé unter Umständen nicht gleichmäßig auf. Die Masse einfüllen und die Soufflés zunächst 15 Minuten bei 160 °C und danach nochmals 20 Minuten bei 180 °C backen, bis sie aufgegangen sind und eine schöne goldbraune Farbe haben.

TIPP
Nach Möglichkeit einen reifen AOC-Comté nehmen.

FÜRS PERFEKTE TIMING
Zubereitungszeit: 1 Stunde
Garzeit: 35 Minuten
Für 4 Mini-Schmortöpfe

Im Minitopf

Muschel-Flans
mit Safran

1 kg Miesmuscheln
1 Schalotte
120 g Butter
250 ml Weißwein
1 Zweig Thymian
1 Lorbeerblatt
4 Eier
200 ml Milch
Salz und Pfeffer
½ TL gemahlener Safran

1

Die Muscheln waschen und abbürsten. Zerbrochene oder bereits geöffnete Muscheln aussortieren. Die Schalotte schälen, fein schneiden, in einer Kasserolle in 15 g Butter anschwitzen und mit dem Weißwein ablöschen. Den Thymian und das Lorbeerblatt hinzufügen und das Ganze 2 Minuten einkochen lassen. Die Muscheln in den Topf geben, mit etwas Pfeffer übermahlen und zudecken. Einige Minuten kochen lassen und den Topf dabei gelegentlich schütteln. Die Muscheln, sobald sie sich geöffnet haben, mit einem Schaumlöffel aus dem Topf heben. Ungeöffnete Exemplare wegwerfen. Die Kochflüssigkeit auf etwa 200 Milliliter einkochen lassen. Die Muscheln aus den Schalen lösen.

2

Die Milch aufkochen. Die Eier über einer Schüssel aufschlagen. Die kochende Milch und 100 Milliliter Muschelsud hinzufügen, mit Salz und Pfeffer abschmecken und den Safran dazugeben. Umrühren und abkühlen lassen.

3

Vier Flan- oder Muffinförmchen mit Butter einfetten. Die Muscheln auf die Formen verteilen und die Eier-Milch-Mischung darübergießen. Einige Muscheln zum Garnieren aufheben. Die Flans 15 Minuten bei 150 °C, am besten im Wasserbad, garen. Mit einem Zahnstocher die Garprobe machen. Die Flans sind gar, wenn der Zahnstocher trocken bleibt.

4

Den restlichen Muschelsud aufkochen und die restliche kalte Butter in kleinen Stücken mit dem Schneebesen unterschlagen. Die Sauce mit Salz und Pfeffer abschmecken und warm stellen.

SERVIERVORSCHLAG

Die Flans in die Mitte der Teller stürzen, mit etwas Sauce umgießen und mit ein paar Muscheln garnieren. Sehr heiß servieren.

FÜRS PERFEKTE TIMING

Zubereitungszeit: 1 Stunde 15 Minuten
Garzeit: 15 Minuten
Ergibt 4 Flans

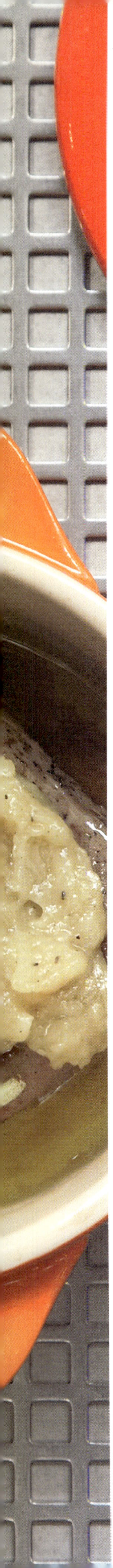

Butterzartes Lammfilet mit Knoblauchcreme

600 g Lammfilet
1 Knoblauchknolle
4 EL Olivenöl
Salz
2 Zweige Rosmarin
Pfeffer
100 ml Lammfond (aus dem Glas)

1

Den Backofen auf 180 °C vorheizen.

2

Die Schale der Knoblauchzehen mit einem kleinen Messer einstechen, damit sie sich nach dem Garen leichter schälen lassen. Die Knolle mit etwas Olivenöl beträufeln, in Alufolie verpacken und 45 Minuten im Backofen weich garen (der Knoblauch sollte danach noch etwas Biss haben). Den Knoblauch etwas abkühlen lassen. Die Zehen schälen, zerdrücken und mit wenig Salz würzen.

3

Das Lammfilet in 4 gleich große Stücke teilen.

4

Das Olivenöl mit dem Rosmarin in einer Pfanne langsam erwärmen. Den Rosmarin anschließend herausnehmen.

5

Die Lammfilets rundherum in dem Rosmarinöl anbraten und mit Salz und Pfeffer würzen.

6

Die Filets mit etwas Lammfond auf 4 kleine Schmortöpfe verteilen und 10 Minuten im Backofen garen. Den Knoblauch hinzufügen und das Ganze noch einige Minuten bei 65 °C ruhen lassen.

SERVIERVORSCHLAG

Mit Coco-Bohnen servieren. Die Bohnen 8 Stunden einweichen, 1 Stunde in ungesalzenem Wasser kochen, abgießen und mit Salz und Pfeffer würzen.

FÜRS PERFEKTE TIMING

Zubereitungszeit: 1 Stunde 15 Minuten
Garzeit: 55 Minuten
Für 4 Mini-Schmortöpfe

Schweinshaxe zur Abwechslung mal thailändisch

2 kleine Schweinshaxen (vom Metzger halbiert)
4 Knoblauchzehen
1 TL schwarze Pfefferkörner
4 Korianderwurzeln (aus dem Asialaden)
4 EL schwarze Sojasauce
4 EL Sojasauce
2 EL Zucker
3 Sternanis
2 Zimtstangen

1

Den Backofen auf 160 °C vorheizen.

2

Den Knoblauch im Mörser mit dem Pfeffer und den Korianderwurzeln zu einer Paste verarbeiten.

3

Die Borsten von der Haut der Haxen mit einem Bunsenbrenner oder über der Flamme des Gasherds abbrennen (sie wird danach glatt wie ein Kinderpopo sein!) und die Haxen mit der Knoblauch-Koriander-Paste bestreichen.

4

Die Haxen auf 4 kleine Schmortöpfe verteilen und die beiden Sojasaucen, Zucker, Sternanis und Zimt hinzufügen. Mit Wasser bedecken, die Deckel auflegen und das Fleisch 3 Stunden im Backofen schmoren. Die Haxen dabei von Zeit zu Zeit wenden.

SERVIERVORSCHLAG
Mit parfümiertem Thai-Reis servieren.

TIPP
Probieren Sie das Rezept einmal mit Spanferkel.

FÜRS PERFEKTE TIMING
Zubereitungszeit: 3 Stunden 30 Minuten
Garzeit: 3 Stunden
Für 4 Mini-Schmortöpfe

»Stoemp« mit Rosenkohl und Würstchen

100 g Butter
350 g Rosenkohl (möglichst kleine Röschen), geputzt und gewaschen
100 ml Geflügelbrühe (aus dem Glas oder Instant-Brühe)
200 g Sahne
Salz und frisch gemahlener schwarzer Pfeffer
500 g Kartoffeln (Bintje), geschält und gewaschen
800 g Bratwurst
2 Scheiben gepökelter Speck

1

50 Gramm Butter bei geringer Hitze in einer mittelgroßen Kasserolle zerlassen und den Rosenkohl 3–4 Minuten darin anschwitzen. Die Geflügelbrühe und 50 Milliliter Wasser angießen und unter Rühren aufkochen lassen. Die Sahne einrühren und das Ganze nochmals unter Rühren aufkochen lassen. Mit Salz und Pfeffer abschmecken, den Deckel auflegen und den Rosenkohl 10 Minuten bei geringer Hitze garen. Anschließend aus der Kasserolle nehmen und die Garflüssigkeit aufheben.

2

Die Kartoffeln klein schneiden und 15 Minuten in Salzwasser kochen. Den Backofen auf 160 °C vorheizen.

3

Die Kochflüssigkeit des Rosenkohls aufkochen und bei mittlerer Hitze unter Rühren um etwa ein Drittel reduzieren. Den Topf vom Herd nehmen und den Rosenkohl wieder hineingeben. Die Kartoffeln abgießen, in eine Schüssel füllen, den Rosenkohl dazugeben und das Ganze durch die Gemüsemühle (Flotte Lotte) passieren oder mit einer Gabel zerdrücken. Noch einmal abschmecken und zu einem relativ festen Püree verrühren. Die restliche Butter in einer großen Pfanne zerlassen und die Würste mit dem Speck 4–5 Minuten bei starker Hitze rundherum braten.

4

Das Rosenkohlpüree auf 4 kleine Schmortöpfe verteilen, jeweils ein Stück Speck und eine Bratwurst darauflegen, die Deckel auflegen und die Töpfe für etwa 10 Minuten in den Backofen schieben.

SERVIERVORSCHLAG
Sehr heiß servieren.

FÜRS PERFEKTE TIMING
Zubereitungszeit: 50 Minuten
Garzeit: 45 Minuten
Für 4 Mini-Schmortöpfe

Beef Wellington
(Filet im Mantel)

4 Stück Rinderfilet (à 150 g)
Fleur de Sel und frisch gemahlener Pfeffer
100 g rohe Foie gras
250 g Champignons
1 Zwiebel
1 Knoblauchzehe
3 Stängel glatte Petersilie
1 Zweig Thymian
1 Stängel Salbei
30 g Butter
1 EL Pflanzenöl
2 Rollen backfertiger Blätterteig
1 Ei

1

Den Backofen auf 180 °C vorheizen. Das Rinderfilet mit Pfeffer und Fleur de Sel einreiben. Die Foie gras in Würfel schneiden. Die Champignons fein hacken. Zwiebel und Knoblauch fein schneiden und die Petersilie sehr fein hacken. Thymian und Salbei ebenfalls hacken.

2

Die Butter mit dem Öl bei geringer Hitze in einer Stielkasserolle zerlassen, Zwiebel, Knoblauch und Pilze hineingeben und einige Minuten anbraten, bis die Flüssigkeit vollständig verdunstet ist. Danach die Foie gras und die Petersilie hinzufügen.

3

Aus dem Blätterteig vier Rechtecke ausschneiden (sie sollten so groß sein, dass man die Fleischscheiben darin einschlagen kann).

4

Die Pilzmischung in der Mitte der Teigscheiben verteilen, mit den gehackten Kräutern bestreuen und das Fleisch darauflegen. Den Teig darüberschlagen, sodass das Fleisch vollständig umhüllt ist. Die Teigränder mit verquirltem Ei bepinseln und gut andrücken. Die Teigtaschen oben und an den Seiten mit dem restlichen Ei bestreichen.

5

Die Teigtaschen auf vier kleine Schmortöpfe verteilen, die Deckel auflegen und die Rinderfilets 25 Minuten im Backofen garen.

SERVIERVORSCHLAG
Mit einem kleinen Gratin dauphinois, selbst gemachten Pommes frites oder sautierten neuen Kartoffeln servieren.

FÜRS PERFEKTE TIMING
Zubereitungszeit: 1 Stunde 15 Minuten
Garzeit: 25 Minuten
Für 4 kleine Schmortöpfe

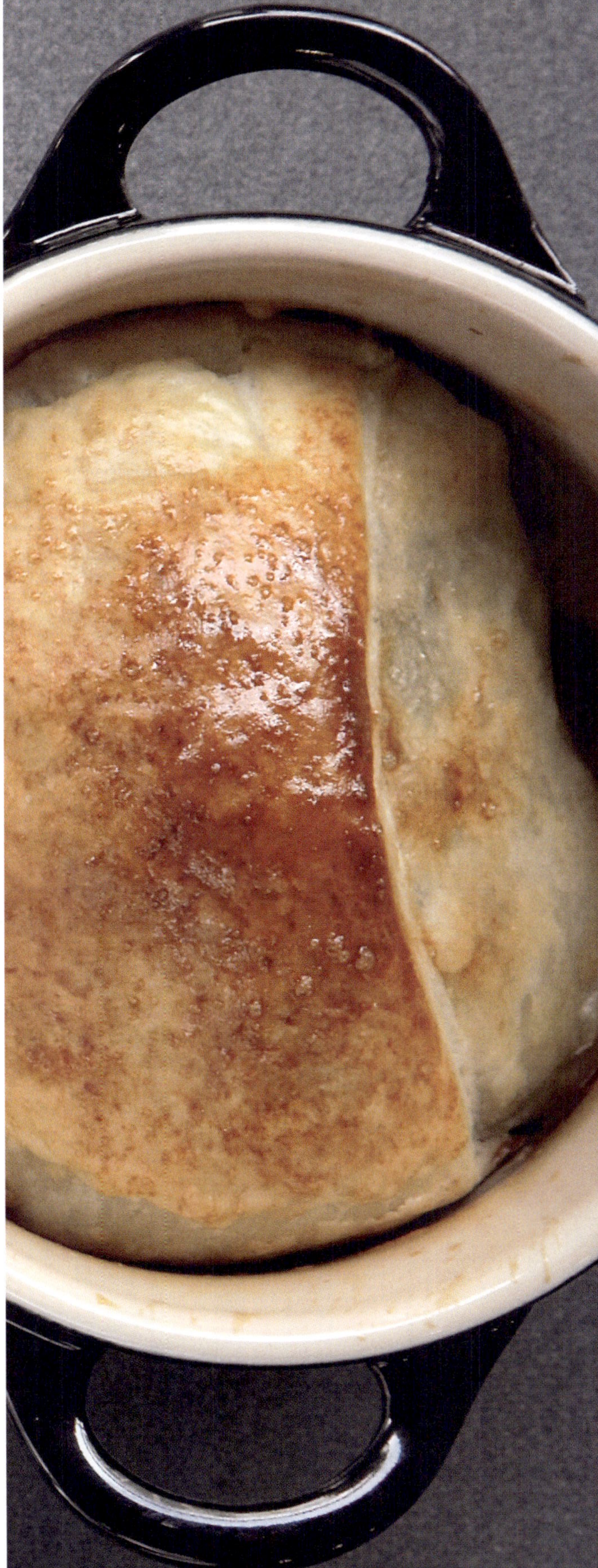

BRUNE
CHIMAY
BRUIN
CHIMAY
Pères Trappistes
BIERE BRASSEE A L'ABBAYE DE SCOURMONT
BIER GEBROUWEN IN DE ABDIJ VAN SCOURMONT

Im Minitopf

Flämische Karbonaden

600 g Rindfleisch (Rippenstück)
20 g Butter
2 Zwiebeln
2 EL Farinzucker
1 Flasche Braunbier
Weißweinessig
4 kleine Kräutersträußchen (Thymian, Lorbeer, Lauchgrün, glatte Petersilie)
2 Scheiben Gewürzbrot
10 g Dijon-Senf
Salz und frisch gemahlener schwarzer Pfeffer

1

Den Backofen auf 160 °C vorheizen.

2

Das Fleisch in Stücke schneiden und in einer Pfanne in der Butter anbraten. Herausnehmen und beiseitestellen. Die Zwiebeln in Scheiben schneiden und in der Pfanne anschwitzen. Den Farinzucker darüberstreuen und karamellisieren lassen.

3

Die Zwiebeln auf vier kleine Schmortöpfe verteilen, das Fleisch darauflegen, mit Salz und Pfeffer würzen und mit Bier bedecken. Je 1 Teelöffel Essig und ein Kräutersträußchen hinzufügen.

4

Das Gewürzbrot mit Senf bestreichen und jeweils eine halbe Scheibe darauflegen, die Deckel auflegen und das Fleisch 2 Stunden im Backofen garen.

SERVIERVORSCHLAG
Mit einem schönen Kartoffelpüree oder selbst gemachten Pommes frites servieren.

FÜRS PERFEKTE TIMING
Zubereitungszeit: 2 Stunden 20 Minuten
Garzeit: 2 Stunden
Für 4 kleine Schmortöpfe

Im Minitopf

Garnelencremesuppe mit Blätterteighaube

500 g ungeschälte Nordseegarnelen, gekocht
1 Knoblauchzehe
1 kleine getrocknete Chilischote
2 Karotten
1 Stange Lauch
1 große Zwiebel
2 Stangen Sellerie
Olivenöl
750 ml trockener Weißwein
1 Kräutersträußchen
(Lorbeer, Petersilie, Thymian)
Salz
Schwarzer Pfeffer
1 Dose geschälte Tomaten
1 Döschen Tomatenmark
1 Rolle backfertiger Blätterteig
250 g Sahne
1 Ei

1

Die Garnelen schälen, Köpfe und Panzer aufheben. Den Knoblauch schälen und fein schneiden. Die Chilischote zerkrümeln. Karotten, Lauch, Zwiebel und Sellerie putzen und klein schneiden.

2

Die Zwiebel und den Knoblauch bei geringer Hitze in Olivenöl anschwitzen. Karotten, Sellerie, Chilischote und die Garnelenabfälle hinzufügen und bei mittlerer Hitze anbräunen. Mit dem Weißwein ablöschen und das Kräutersträußchen hinzufügen. Mit Wasser aufgießen, mit frisch gemahlenem Pfeffer und wenig Salz würzen und aufkochen lassen. Die Tomaten und das Tomatenmark hinzufügen und das Ganze 20 Minuten köcheln lassen. Die Garnelenabfälle herausnehmen, die Suppe im Mixer pürieren und danach durch ein feines Spitzsieb passieren. Die Sahne unterrühren.

3

Den Backofen auf 185 °C vorheizen. Den Blätterteig ausrollen und vier Kreise im Durchmesser der Schmortöpfe (+ 1 Zentimeter) daraus ausstechen. Das Ei trennen. Die Schmortöpfe zu drei Viertel mit der Suppe füllen und die Garnelen darauf verteilen. Die Ränder der Teigscheiben mit Eiweiß bepinseln, die Teigscheiben mit der bepinselten Seite nach unten auf die Schmortöpfe legen und gut andrücken. Den Teig oben mit Eigelb bepinseln, die Töpfe auf der mittleren Schiene in den Backofen einschieben und den Teig backen, bis er aufgegangen und schön goldbraun ist.

FÜRS PERFEKTE TIMING
Zubereitungszeit: 45 Minuten
Garzeit: 30 Minuten
Für 4 Mini-Schmortöpfe

Schweinefilet mit Fenchelkruste

1 Schweinefilet (400 g)
2 Knoblauchzehen
40 g Fenchelsamen
Fleur de Sel
Frisch gemahlener Pfeffer
Fruchtiges Olivenöl

1

Den Backofen auf 180 °C vorheizen.

2

Den Knoblauch schälen, gegebenenfalls die Keime entfernen und die Zehen halbieren.

3

Das Schweinefilet in vier gleich große Stücke zerteilen. Die Fleischstücke an einer Seite etwas einschneiden und die halbierten Knoblauchzehen in die Schlitze stecken.

4

Das Fleisch rundherum gleichmäßig mit den Fenchelsamen und der Fleur de Sel umhüllen. So bekommt es eine schöne, knusprige und aromatische Kruste. Mit Pfeffer würzen, mit etwas Olivenöl beträufeln und etwa 30 Minuten ruhen lassen.

5

Die Filets auf vier kleine Schmortöpfe verteilen und 25 Minuten im Backofen garen.

SERVIERVORSCHLAG
Mit sautierten und mit Salbei aromatisierten neuen Kartoffeln servieren.

TIPP
Die Filets noch mit einer Scheibe Lardo di Colonnata (aromatischer, lange gereifter fetter Speck aus der Toskana) umwickeln.

FÜRS PERFEKTE TIMING
Zubereitungszeit: 1 Stunde
Garzeit: 25 Minuten
Für 4 Mini-Schmortöpfe

Bucatini »cacio e pepe« – genau wie in Rom

350 g Bucatini (dicke Spaghetti)
150 g Pecorino romano
Salz
Olivenöl extra vergine
Frisch gemahlener schwarzer Pfeffer

1

Die Nudeln in reichlich Salzwasser al dente kochen. Vier Mini-Schmortöpfe im 80 °C heißen Backofen vorwärmen.

2

Den Pecorino fein reiben.

3

Die Nudeln abgießen und dabei 2 Schöpflöffel Kochwasser auffangen. Die Nudeln auf die Schmortöpfe verteilen, großzügig mit Olivenöl beträufeln und jeweils mit 3 Esslöffeln Kochwasser begießen. Reichlich mit Käse bestreuen und großzügig mit Pfeffer übermahlen.

4

Die Zutaten vorsichtig vermengen, bis sich der Käse mit dem Öl und der Kochflüssigkeit zu einer sämigen Sauce vermischt hat.

SERVIERVORSCHLAG
Sofort genießen!

TIPP
Die Bucatini durch Tonarelli (dicke Eierspaghetti) ersetzen.

FÜRS PERFEKTE TIMING
Zubereitungszeit: 20 Minuten
Garzeit: 12 Minuten
Für 4 Mini-Schmortöpfe

KAPITEL 5

Leckere Löffel

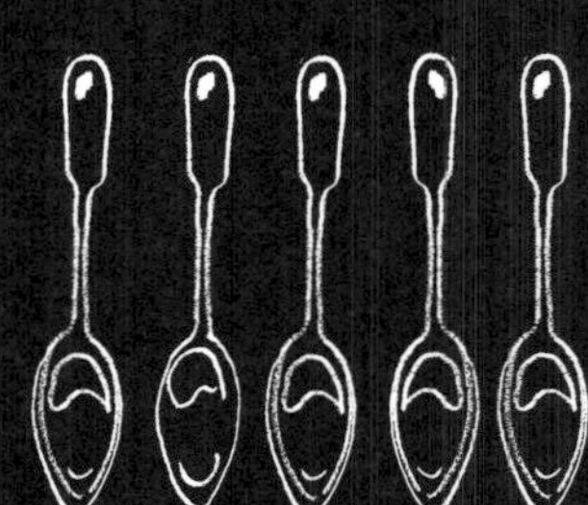

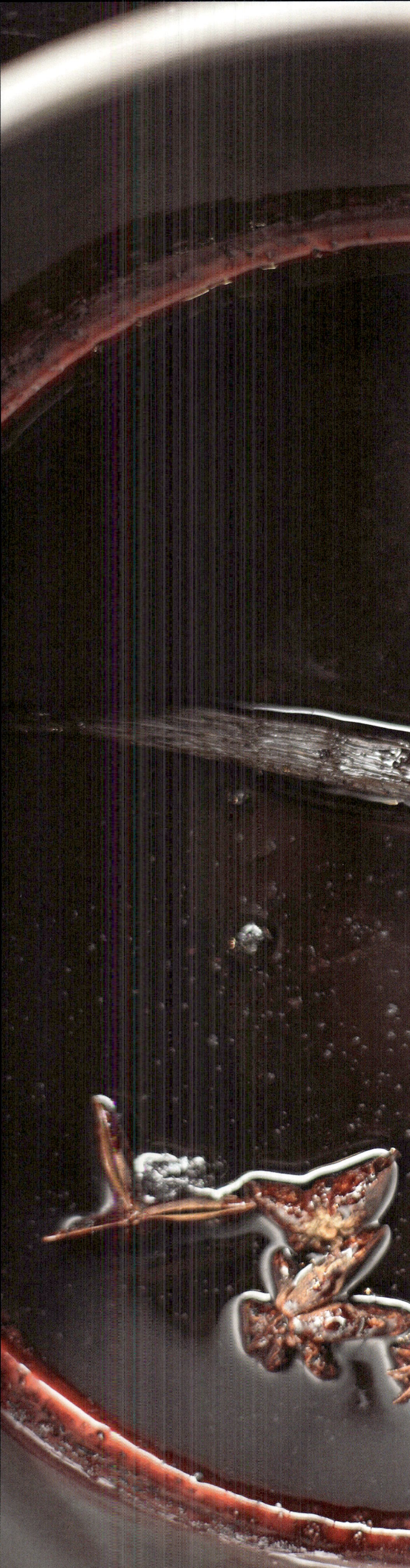

Leckere Löffel

Entenbrust zart gegart, Portweinreduktion

1 Entenbrustfilet
200 ml Portwein
Fleur de Sel
1–2 TL Vier-Gewürze-Pulver
1 Vanilleschote
2 Sternanis

1

Den Backofen auf 80 °C vorheizen. Die Haut der Entenbrust rautenförmig einschneiden, das Fleur de Sel und das Vier-Gewürze-Pulver einmassieren und das Fleisch 2 Stunden im Backofen garen.

2

Für die Sauce die Vanilleschote und den Sternanis etwa 20 Minuten im Portwein ziehen lassen und den Wein bei geringer Hitze einkochen lassen.

3

In einer sehr heißen Pfanne die Entenbrust auf jeder Seite 30 Sekunden bräunen. Anschließend in dünne Scheiben schneiden und dabei das Fett entfernen.

SERVIERVORSCHLAG
Etwas Sauce auf einen großen Löffel geben, eine Scheibe Entenbrust daraufsetzen und mit ein paar Körnchen Fleur de Sel bestreuen.

TIPP
Die Entenbrustscheiben noch mit einem kleinen Stückchen Foie gras belegen.

FÜRS PERFEKTE TIMING
Zubereitungszeit: 2 Stunden 30 Minuten
Garzeit: 2 Stunden
Für 20 Löffel

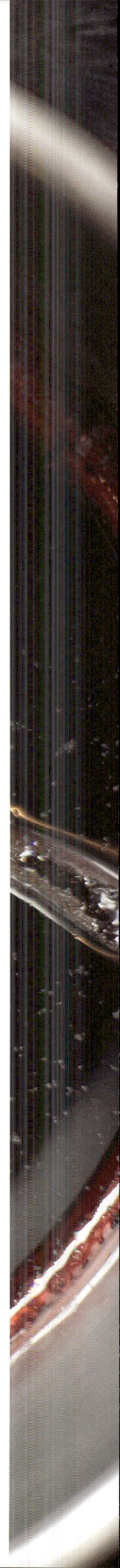

Leckere Löffel

Auberginenkaviar, geschmorte Kirschtomaten, Ziegenkäse und Pesto

10 Kirschtomaten
Zucker
Salz und Pfeffer
1 EL gehackter Rosmarin
3 Knoblauchzehen
Olivenöl extra vergine
50 g Parmesan
10 Basilikumblätter
25 g Pinienkerne
20 g Walnusskerne
1 Aubergine
Rosenpaprika
50 g Ziegenfrischkäse

1

Den Backofen auf 110 °C vorheizen. Die Tomaten halbieren, mit der Schnittfläche nach oben nebeneinander auf ein Backblech legen, mit Zucker, Salz, Pfeffer, Rosmarin und 1 gehackten Knoblauchzehe bestreuen, mit Olivenöl beträufeln und 1 Stunde im Backofen garen.

2

Für das Pesto den Parmesan reiben. Die zweite Knoblauchzehe schälen und gegebenenfalls den Keim entfernen. Das Basilikum mit den Nusskernen und dem Knoblauch auf kleinster Stufe im Mixer zerkleinern und dabei nach und nach 100 Milliliter Olivenöl hinzufügen. Zum Schluss den Parmesan untermischen und mit etwas Salz und Pfeffer abschmecken.

3

Für den Auberginenkaviar den Stielansatz der Aubergine abschneiden, die Frucht der Länge nach halbieren und 35–40 Minuten im 180 °C heißen Backofen garen. Anschließend das Fruchtfleisch mit einem Löffel herausschaben und im Mixer pürieren. Die dritte Knoblauchzehe schälen und mit 2 Messerspitzen Paprikapulver, 6 Esslöffeln Olivenöl, Salz und Pfeffer unter das Auberginenpüree mischen.

SERVIERVORSCHLAG
Etwas Auberginenkaviar auf einen Löffel geben, eine halbe, mit Ziegenkäse gefüllte Tomate daraufsetzen und mit etwas Pesto garnieren.

FÜRS PERFEKTE TIMING
Zubereitungszeit: 2 Stunden 30 Minuten
Garzeit: 1 Stunden 45 Minuten
Für 20 Löffel

Kichererbsencreme mit Nordseegarnelen

200 g Kichererbsen
100 g Nordseegarnelen, gekocht
1 Schalotte
1 Knoblauchzehe
1 weißer Lauchschaft
Thymian, Lorbeerblatt, glatte Petersilie
Olivenöl
10 schwarze Pfefferkörner
400 ml Geflügelbrühe

1

Die Kichererbsen am Vortag in 1 Liter kaltem Wasser einweichen und an einen kühlen Platz stellen. Am nächsten Tag abgießen und beiseitestellen.

2

Die Schalotte und den Knoblauch schälen und fein schneiden. Für das Kräutersträußchen den Lauch waschen, der Länge nach halbieren und die inneren Blattschichten herausnehmen, sodass eine Vertiefung entsteht. Einige gewaschene Thymianzweige, 5 Stängel Petersilie und 2 Lorbeerblätter in die Vertiefung geben und das Ganze mit Küchengarn zusammenbinden.

3

Das Olivenöl langsam in einer Kasserolle erhitzen und die Schalotte mit dem Knoblauch glasig anschwitzen. Die Kichererbsen, das Kräutersträußchen und die Pfefferkörner dazugeben, die Brühe angießen und mit 1 Liter kaltem Wasser aufgießen. Aufkochen lassen und 1 Stunde bei geringer Hitze köcheln lassen. Die Kichererbsen danach abgießen und die Kochflüssigkeit auffangen. Das Kräutersträußchen und die Pfefferkörner herausnehmen.

4

Die Garnelen schälen und beiseitestellen.

5

Die Kichererbsen durch die Gemüsemühle drehen oder durch die Kartoffelpresse drücken. Die Masse mit so viel Kochflüssigkeit verdünnen, dass ein weiches, aber immer noch relativ dickes Püree entsteht, und noch einmal abschmecken.

SERVIERVORSCHLAG
Die Kichererbsencreme auf die Löffel verteilen, einige Garnelen darauf anrichten und lauwarm servieren.

FÜRS PERFEKTE TIMING
Zubereitungszeit: 1 Nacht + 90 Minuten
Garzeit: 1 Stunde
Für 20 Löffel

Jakobsmuscheln auf knusprigen Reisnudeln

100 g Tempuramehl
8 Jakobsmuscheln
200 g Reisnudeln
Pflanzenöl

1

Das Mehl mit etwa 200 Millilitern Wasser zu einem dickflüssigen Teig verrühren.

2

Die Jakobsmuscheln halbieren.

3

Die Reisnudeln 10 Minuten in Wasser einweichen und anschließend mit einer Schere in 5 Zentimeter lange Stücke schneiden.

4

Die halbierten Jakobsmuscheln einzeln durch den Tempurateig ziehen und danach mit Reisnudeln umhüllen.

5

Das Öl auf 160 °C erhitzen, die Jakobsmuscheln hineingeben, goldbraun frittieren und anschließend auf Löffeln anrichten.

TIPP
Mit ein paar Tropfen Hoisin-Sauce verfeinern.

FÜRS PERFEKTE TIMING
Zubereitungszeit: 25 Minuten
Garzeit: 5 Minuten
Für 16 Löffel

Bananen-Beignets und Mango-Guacamole

2 Kochbananen
1 l Öl zum Frittieren
Salz

2 Avocados
1 Mango
1 rote Zwiebel
1 Bund Koriandergrün
1 Limette
1 kleine, frische rote Chilischote
50 ml brauner Rum
1 EL fruchtiges Olivenöl
Salz und Pfeffer

1

Die Bananen schälen und in 2–3 Zentimeter große Stücke schneiden. Das Öl in einer Fritteuse erhitzen und die Bananenstücke 3–5 Minuten frittieren (sie müssen die Farbe verändern, dürfen aber nicht braun werden). Die Bananen anschließend zwischen Frischhaltefolie legen und auf der Arbeitsfläche mit einem schweren Glas flach drücken. In einer Schüssel 1 Tasse Wasser mit 2 Esslöffeln Salz verrühren (die Mischung soll so salzig sein wie Meerwasser). Die Beignets nacheinander durch das Wasser ziehen und nochmals frittieren, bis sie leicht gebräunt sind.

2

Für die Guacamole die Avocados und die Mango fein würfeln. Die Zwiebel und einige Stängel Koriandergrün hacken. Die Limette auspressen. Die Chilischote von den Kernen befreien und fein hacken. In einer Schüssel die Avocados mit 2 Esslöffeln gehackter Zwiebel, 1 Esslöffel gehackter Chilischote und 1 ½ Esslöffeln Limettensaft vermengen. Ein Drittel der Mangowürfel, den Rum, das Olivenöl und 2 Esslöffel gehacktes Koriandergrün hinzufügen und mit Salz und Pfeffer abschmecken. Die Guacamole muss am selben Tag verbraucht werden.

SERVIERVORSCHLAG
Etwas Guacamole auf die Löffel geben und ein Stück Banane darauflegen – oder umgekehrt.

FÜRS PERFEKTE TIMING
Zubereitungszeit: 1 Stunde
Garzeit: 15 Minuten
Für 20 Löffel

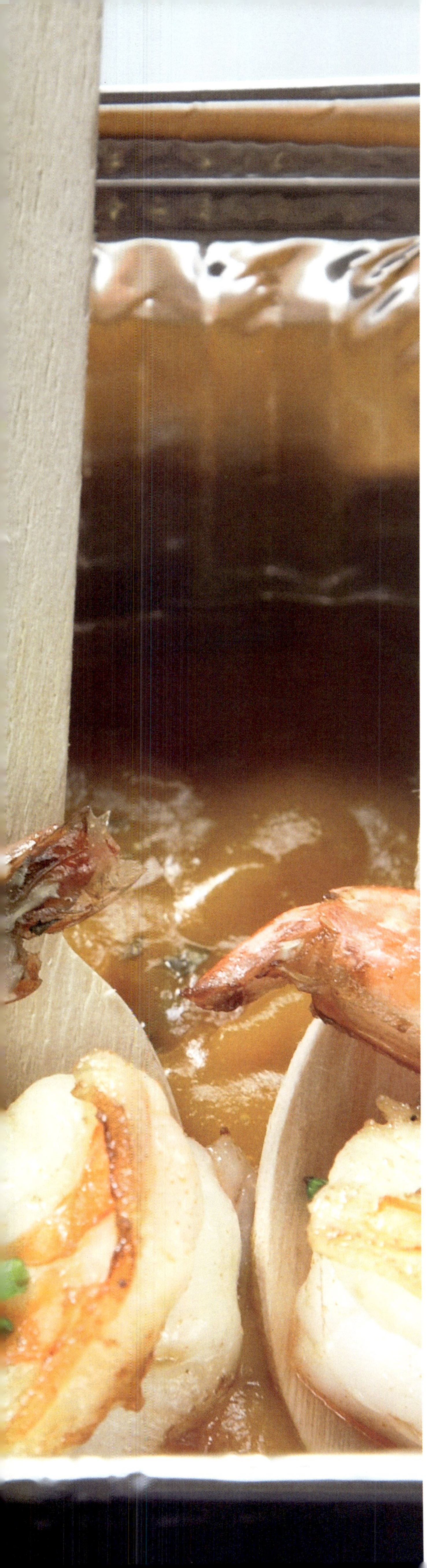

Gamba-Passion
Gambas, Rum, Passionsfrucht

12 Riesengarnelen
200 ml brauner Rum
100 ml Passionsfruchtsaft (Fertigprodukt)
1 Knoblauchzehe
1 Bund Schnittlauch
1 Zweig Rosmarin
1 Orange
Salz und frisch gemahlener schwarzer Pfeffer
Olivenöl extra vergine

1

Den Knoblauch schälen, gegebenenfalls den Keim entfernen und die Zehe hacken. Den Schnittlauch und den Rosmarin ebenfalls hacken. Die Orange auspressen.

2

Die Garnelen schälen, von den Därmen befreien und mit Salz und Pfeffer würzen. 100 Milliliter Rum mit 100 Millilitern Olivenöl und dem Knoblauch verrühren und die Garnelen untermischen. Mindestens 15 Minuten im Kühlschrank marinieren lassen.

3

In einer Stielkasserolle den Passionsfruchtsaft mit 100 Millilitern Rum, dem Orangensaft, 1 Esslöffel Schnittlauch und 1 Teelöffel Rosmarin bei geringer Hitze um die Hälfte reduzieren und mit Salz und Pfeffer abschmecken.

4

Die Garnelen auf jeder Seite 2 Minuten grillen.

SERVIERVORSCHLAG
Etwas Sauce auf die Löffel träufeln und die Garnelen darauf anrichten.

FÜRS PERFEKTE TIMING
Zubereitungszeit: 30 Minuten
Garzeit: 10 Minuten
Für 12 Löffel

Crêperöllchen mit lackierter Ente

250 g Mehl
2 EL Sesamöl

1 lackierte Ente (in chinesischen Lebensmittelgeschäften erhältlich)
2 große, frische rote Chilischoten
1 Stange Lauch
1 Salatgurke
Hoisin-Sauce

1

Das Mehl mit 150 Millilitern kochendem Wasser anrühren und zu einem homogenen Teig verarbeiten.

2

Den Teig auf einem leicht bemehlten Backblech etwa 2 Millimeter dick ausrollen. Mit einer Ausstechform etwa 7 Zentimeter große Kreise daraus ausstechen und mit Sesamöl bepinseln.

3

Eine Pfanne bei starker Hitze heiß werden lassen und die Crêpes portionsweise ohne Zugabe von Öl bei mittlerer Hitze auf jeder Seite etwa 1 Minute backen. Die Crêpes wenden, sobald der Teig Blasen wirft.

4

Die Chilischoten in Ringe schneiden und dabei die Kerne entfernen. Den Lauch und die Gurke in Julienestreifen schneiden. Entenfleisch mit Haut in 20 Stücke von 3 × 1 Zentimeter schneiden und dabei die Knochen entfernen.

5

Die Chiliringe mit Lauch- und Gurkenstreifen füllen. Auf jedes Fleischstück einen gefüllten Chiliring legen und das Ganze in einen Crêpe einschlagen.

SERVIERVORSCHLAG
Etwas Hoisin-Sauce auf die Löffel gießen und die Crêpes darauf anrichten.

TIPP
Nur die Entenhaut verwenden und das Fleisch mit Nudeln braten.

FÜRS PERFEKTE TIMING
Zubereitungszeit: 1 Stunde
Backzeit: 15–20 Minuten
Für 20 Löffel

Lammnüsschen in »Chimichurri«-Sauce

- 200 g Lammfilet
- Salz und frisch gemahlener schwarzer Pfeffer
- ½ Bund glatte Petersilie
- ½ Bund Koriandergrün
- 1 Stängel frischer Oregano (oder getrockneter Oregano)
- 2 Salbeiblätter
- 1 rote Chilischote
- ½ Bund Lauchzwiebeln
- 2 Knoblauchzehen
- 100 ml Olivenöl
- 50 ml Rotweinessig
- ½ EL gemahlener Kreuzkümmel

1

Das Fleisch mit Salz und Pfeffer würzen.

2

Für die »Chimichurri«-Sauce die Kräuter und die Chilischote hacken. Die Lauchzwiebeln fein schneiden. Den Knoblauch schälen, gegebenenfalls den Keim entfernen und die Zehen hacken.

3

In einer Schüssel das Olivenöl mit dem Essig, 1 Teelöffel Salz, Knoblauch, Lauchzwiebel, Petersilie, Koriander, Chilischote, Oregano, Salbei und Kreuzkümmel verrühren und mit Pfeffer abschmecken.

4

Das Fleisch kurz in der Pfanne braten (es sollte innen noch rosa sein) und in Stücke schneiden.

SERVIERVORSCHLAG
Etwas Sauce auf die Löffel geben und jeweils eine Scheibe Fleisch darauf anrichten.

TIPP
In Argentinien hat man diese Sauce stets im Kühlschrank vorrätig. Sie wird in der Regel zu gegrillten Speisen serviert. In einem gut verschlossenen Behälter ist sie lange haltbar.

FÜRS PERFEKTE TIMING
Zubereitungszeit: 30 Minuten
Garzeit: 10 Minuten
Für 20 Löffel

Steinpilzrisotto – klassisch!

50 g getrocknete Steinpilze
200 g Carnaroli-Reis
1 Knoblauchzehe
1 EL Olivenöl extra vergine
1,5 l Fleischbrühe (möglichst selbst gemacht)
30 g Butter
1 Zwiebel
50 ml trockener Weißwein
50 g Parmigiano-Reggiano

1

Die Steinpilze in Wasser einweichen, bis sie wieder weich sind (etwa 15 Minuten), und danach gut abtropfen lassen. Den Knoblauch fein hacken.

2

Den Knoblauch im Olivenöl anschwitzen. Die Pilze dazugeben und einige Minuten anbraten. 1 Schöpfkelle Brühe angießen und die Pilze weitere 2 Minuten garen. Anschließend beiseitestellen.

3

1 Stückchen Butter in einer Sauteuse zerlassen und die fein geschnittene Zwiebel darin anschwitzen. Den Reis dazugeben und einige Minuten anbraten. Danach mit dem Weißwein ablöschen.

4

Etwas heiße Brühe angießen und den Reis kochen lassen, bis er die Brühe vollständig aufgesogen hat. Den Vorgang so lange wiederholen, bis die Brühe aufgebraucht ist. Nach der Hälfte der Garzeit (10–12 Minuten) die Pilze hinzufügen.

5

Wenn der Risotto fast fertig ist (probieren), vorsichtig die restliche Butter und 1 Handvoll geriebenen Parmesan unterrühren (in Italien sagt man »mantecare«). Der fertige Risotto muss sämig, aber nicht flüssig, und cremig, aber nicht fett sein.

SERVIERVORSCHLAG
Den Risotto auf Löffel verteilen und sofort servieren.

TIPP
Salzige Kekse mit Parmesan in Löffelform backen und den Risotto darauf servieren.

FÜRS PERFEKTE TIMING
Zubereitungszeit: 45 Minuten
Garzeit: 30 Minuten
Für 20 Löffel

Rindsrouladen auf Apfel-Rosinen-Tatar und Rucola

200 g Rinderfilet, in hauchdünne Scheiben (wie für ein Carpaccio) geschnitten
2 feste säuerliche Äpfel
200 g Sultaninen
2 EL Olivenöl
Fleur de Sel
150 g Parmesan
1 Schale Rucola
1 EL Saba (eingekochter Traubenmost, in italienischen Lebensmittelgeschäften erhältlich)

1

Den Backofen auf 200 °C vorheizen.

2

Die Äpfel schälen und sehr fein würfeln. Die Sultaninen ebenfalls sehr fein würfeln. Beides miteinander mischen und etwas Olivenöl hinzufügen. Das „Tatar" kalt stellen.

3

Den Parmesan in 2 mm breite Stifte schneiden. Die Stiele der Rucola abschneiden und die Blätter halbieren.

4

Auf jede Fleischscheibe zwei Parmesanstifte, zwei halbe Rucolablätter und etwas Saba geben, zu Rouladen aufrollen und 2–3 Minuten im Backofen in etwas Olivenöl garen.

SERVIERVORSCHLAG

Etwas Saba und ein Rucolablatt auf die Löffel geben und die Rouladen darauf anrichten. Das Apfel-Rosinen-Tatar ebenfalls auf Löffeln anrichten und mit etwas Fleur de Sel bestreuen.

FÜRS PERFEKTE TIMING

Zubereitungszeit: 40 Minuten
Garzeit: 5 Minuten
Für 15 Löffel

1 TEASPOON
(5.0 ML.)
1 TABLESPOON
(15.0 ML.)

Ein Löffel **Panzanella**

300 g altbackenes Ciabatta
2 EL Weißweinessig
3 Stängel Basilikum
3 Stängel glatte Petersilie
1 rote Zwiebel
2 Tomaten
Salz und frisch gemahlener schwarzer Pfeffer
3 EL Olivenöl
Fleur de Sel

1

Das Brot entrinden, klein schneiden und in einem Sieb kurz unter fließendes Wasser halten. Gut ausdrücken (das Brot sollte danach die Konsistenz von gekochtem Bulgur oder Couscous haben) und in einer Schüssel mit dem Essig vermengen.

2

Einige Basilikum- und Petersilienblätter fein schneiden. Die Zwiebel ebenfalls fein schneiden und beides mit dem Brot vermischen.

3

Die Tomaten enthäuten, halbieren, die Samen entfernen, das Fruchtfleisch sehr fein würfeln und unter die Brotmischung heben.

4

Mit Salz und Pfeffer würzen, das Olivenöl hinzufügen, den Brotsalat durchmischen und noch einmal abschmecken.

SERVIERVORSCHLAG
Die Panzanella auf Löffeln anrichten, mit einem Tropfen Olivenöl beträufeln und mit einem Hauch Fleur de Sel bestreuen.

FÜRS PERFEKTE TIMING
Zubereitungszeit: 30 Minuten
Für 15 Löffel

Leckere Löffel

Rindfleischtatar getrüffelt mit Parmesanspänen

150 g Rindfleischtatar
2 TL weißes Trüffelöl
50 g Parmesan
1 Schale Rucola
Fleur de Sel
Pfeffer

1

Den Parmesan mit einem Sparschäler oder auf der Reibe in dünne Späne hobeln. Die Stiele der Rucola abschneiden.

2

Mit einer Gabel das Tatar in einer dünnen Schicht auf den Löffeln verteilen und mit Fleur de Sel und Pfeffer würzen.

3

Mit etwas Trüffelöl beträufeln (nicht zu viel Öl nehmen, denn die weiße Trüffel hat einen sehr intensiven Geschmack) und mit 1 Rucolablatt und 1 Parmesanspan garnieren.

TIPP
Das Tatar während der Saison mit weißen Trüffelspänen garnieren.

FÜRS PERFEKTE TIMING
Zubereitungszeit: 10 Minuten
Für 15 Löffel

KAPITEL 6

Molekü(h)le Cocktails

Flaming Mmmmh!

5 cl Sambuca
5 cl Triple Sec
5 cl Blue Curaçao
5 cl Whisky Cream
Zimtpulver

1

Den Sambuca und den Triple Sec in ein Cocktailglas füllen und das Glas drehen, bis die Wände mit dem Alkohol überzogen sind.

2

Den Curaçao und den Whisky jeweils in ein Shot-Glas füllen.

3

Die Sambucamischung mit einem Feuerzeug oder einem Crème-brûlée-Brenner anzünden. Die Flamme mit Zimt bestreuen – und das Schauspiel (aber mit Vorsicht!) genießen …

SERVIERVORSCHLAG
Zwei Strohhalme in das Cocktailglas geben (den Cocktail trinkt man zu zweit aus einem Glas). Zu trinken beginnen während ein Helfer den Inhalt der beiden Shot-Gläser in das Glas gießt. Das Glas dann bis auf den letzten Tropfen leeren.

FÜRS PERFEKTE TIMING
Zubereitungszeit: 1 Minute
Flambierzeit: 10 Sekunden
Ergibt 2 Cocktails

Curaçao Orange

**Ein klein bisschen Molekularküche.
Man braucht nur »ein Jota« Lota, eine sehr genaue Waage und Spritzen.**

**25 cl Blue Curaçao
1,5 g Lota (I-Carrageen, ein Geliermittel; in Apotheken erhältlich)
250 ml Orangensaft**

1

Den Curaçao in eine Stielkasserolle gießen und 0,6 Gramm Lota darin auflösen.

2

Den Orangensaft ebenfalls in eine Stielkasserolle gießen und das restliche Lota darin auflösen.

3

Beides kurz aufkochen und anschließend abkühlen lassen.

SERVIERVORSCHLAG
Die Flüssigkeit in zwei Spritzen füllen und abwechseln zwei Gläser damit füllen. Lässt man die beiden Flüssigkeiten lange genug ruhen und spritzt sie gleichzeitig in die Gläser, entstehen vertikale Schichten.

TIPP
Nehmen Sie unbedingt einen frisch gepressten und durchgeseihten Orangensaft.

FÜRS PERFEKTE TIMING
Zubereitungszeit: 20 Minuten
Garzeit: 5 Minuten
Ergibt 4 Cocktails

B'52

22 cl Kaffeelikör
2 cl Whisky Cream
2 cl Grand Marnier

1

Den Kaffeelikör in ein Shot-Glas füllen.

2

Den Whisky zunächst über die Innenseite und dann über den Rücken eines Löffels ganz vorsichtig auf den Kaffeelikör laufen lassen. Auf dieselbe Weise den Grand Marnier dazugeben. Die Schichten sollen sich dabei nicht mischen.

3

Den Grand Marnier mit einem Feuerzeug oder einem Crème-brûlée-Brenner anzünden. Den Cocktail von unten beginnend mit einem Strohhalm in einem Zug austrinken. Mmh! (Mehr Zeit kann man sich lassen, wenn man einen hitzebeständigen Strohhalm verwendet oder die Flamme vor dem Trinken ausbläst.)

SERVIERVORSCHLAG
Den Cocktail mit ein paar Schnittlauchstängeln garniert und mit etwas Olivenöl beträufelt in einem kleinen Wasserglas servieren.

TIPP
Das Glas auf ein Metalltablett stellen und den Grand Marnier vor dem Anzünden etwas überlaufen lassen. Ein toller Effekt! Aber dabei bitte sehr vorsichtig sein!

FÜRS PERFEKTE TIMING
Zubereitungszeit: 2 Minuten
Flambierzeit: 10 Sekunden
Ergibt 1 Cocktail

Bellini molekular mit Melonenkaviar (Sferification: Noch ein bisschen Molekularküche!)

1 Honigmelone
250 ml Pfirsichsaft
2 g Natriumalginat (in Apotheken erhältlich)
2,5 g Calciumchlorid (in Apotheken erhältlich)
300 ml Prosecco
Rohrzucker

1

Für den Melonenkaviar die Melone entsaften und den Melonensaft durch ein sehr feines Sieb seihen. Der Saft muss danach absolut »rein« sein.

2

Das Natriumalginat zunächst in einem Drittel des Pfirsichsafts auflösen.

3

Den restlichen Pfirsichsaft hinzufügen, umrühren und 1 Stunde ruhen lassen.

4

Das Calciumchlorid in 500 Millilitern Wasser auflösen. Den Melonensaft und die Pfirsichsaft-Natriumalginat-Mischung in eine Spritze füllen und tropfenweise in das aufgelöste Calciumchlorid geben.

5

Den so entstandenen »Kaviar« nach 2 Minuten mit einem Sieblöffel oder einem Sieb herausnehmen und vorsichtig unter fließendem kaltem Wasser abwaschen, um die feine Salzschicht (Calcium) von den Perlen zu entfernen.

SERVIERVORSCHLAG
1 Esslöffel Perlen in jedes Glas geben, mit Prosecco aufgießen und mit etwas Zucker bestreuen. Das ist alles.
Hemingway würde Sie beneiden!

TIPP
Den Prosecco durch einen Champagner Brut Zéro Dosage ersetzen.

FÜRS PERFEKTE TIMING
Ruhezeit: 1 Stunde
Zubereitungszeit: 30 Minuten
Für 4 Cocktails

Mmmmhojito

6 cl weißer oder bernsteinfarbener Rum
Saft von ½ Limette
2 EL Rohrzucker
½ Bund Minze
Angostura
Zerstoßenes Eis
Stark kohlensäurehaltiges Mineralwasser

1

In einem weiten Glas den Limettensaft mit dem Zucker verrühren. Die Minzeblätter dazugeben und das Ganze ziehen lassen. Dabei einen Löffel in das Glas stellen.

2

Den Rum und 1 Spritzer Angostura hinzufügen, das Glas mit zerstoßenem Eis auffüllen und mit Mineralwasser aufgießen. Umrühren und mit Strohhalm servieren.

TIPP
Das Wasser muss sehr stark perlen; deshalb am besten ein Sodawasser nehmen.

FÜRS PERFEKTE TIMING
Zubereitungszeit: 3 Minuten
Ergibt 1 Cocktail

Melonencocktail
eisgekühlt

1 Cavaillon-Melone
5 cl weißer Rum
5 cl Triple Sec
100 ml Kokosmilch
Zerstoßenes Eis

1

Von der Melone einen 5 Zentimeter großen Deckel abschneiden und das Fruchtfleisch herauslösen. Dabei sämtliche Kerne entfernen.

2

Das Melonenfruchtfleisch im Mixer fein pürieren.

3

Rum, Triple Sec und Kokosmilch hinzufügen und die Zutaten gut verrühren.

4

Zerstoßenes Eis dazugeben und den Cocktail in die Melonenschale füllen.

SERVIERVORSCHLAG
Zwei kleine Einschnitte in den Deckel machen, den Deckel auf die Melone setzen und zwei Strohhalme in die Schlitze stecken.

TIPP
Pro Person 1 kleine Cavaillon-Melone rechnen.

FÜRS PERFEKTE TIMING
Zubereitungszeit: 10 Minuten
Für 2 Personen

Pulse
KitchenAid

KAPITEL 7

Klein & süß

Klein & süß

Panna cotta kinderleicht

6 g (2 Blatt) Gelatine
500 g Sahne
120 ml Milch
100 g Zucker

1

Die Gelatine in kaltem Wasser einweichen.

2

Die Sahne mit der Milch und dem Zucker etwa 15 Minuten bei sehr geringer Hitze heiß werden, aber nicht zum Kochen kommen lassen.

3

Die gut ausgedrückte Gelatine unter Rühren in der Mischung auflösen.

4

Die Creme in kleine Gläser füllen und vor dem Servieren 4 Stunden kalt stellen.

SERVIERVORSCHLAG

Auf Teller stürzen oder direkt im Glas servieren.

TIPP

Mit einer Himbeercoulis, einer Schokoladensauce, Karamell … servieren.

FÜRS PERFEKTE TIMING

Zubereitungszeit: 20 Minuten
Garzeit: 15 Minuten
Ruhezeit: 4 Stunden
Ergibt 6–8 Gläser

Klein & süß

Himbeersüppchen mit soufflierten Reisnudeln

1 Flasche Roséwein
1 Vanilleschote
2 EL Honig
250 g Himbeeren
10 g Reisnudeln
1 l Pflanzenöl
Puderzucker

1

Den Wein in einer Kasserolle mit der aufgeschlitzten Vanilleschote um zwei Drittel einkochen lassen. Anschließend den Honig einrühren und kalt stellen.

2

Die Vanilleschote herausnehmen und den Wein und die Himbeeren auf vier Dessertschalen verteilen.

3

Das Öl auf etwa 160 °C erhitzen. 1 Handvoll Reisnudeln in das heiße Öl werfen. Die Nudeln müssen sofort aufgehen. Mit einem Schaumlöffel herausheben, auf Küchenpapier abtropfen lassen. Mit den restlichen Reisnudeln ebenso verfahren.

SERVIERVORSCHLAG
Jeweils eine Handvoll »soufflierte« Reisnudeln auf die Schälchen verteilen und mit Puderzucker bestäuben.

TIPP
Die Himbeeren durch Walderdbeeren ersetzen.

FÜRS PERFEKTE TIMING
Zubereitungszeit: 40 Minuten
Garzeit: 20 Minuten
Für 4 Personen

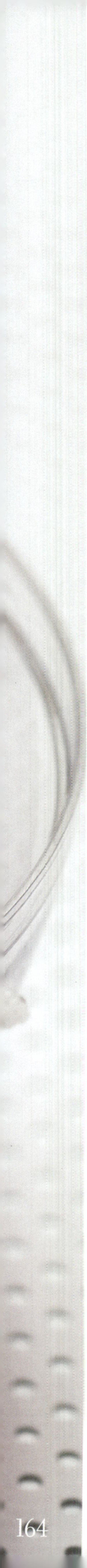

Klein & süß

Tiramisu-Espuma »Zitrone-Mascarpone«

1 Limette, 1 Zitrone und 2 Orangen (unbehandelt)
125 g Mascarpone
275 g Zucker
50 ml Milch
90 g Butter
50 g Puderzucker
35 g Mehl
100 g gemahlene Mandeln
125 g Eiweiß (etwa 4 Eiweiß)
20 g Kakaopulver

1 Siphon oder Sahnespender (0,25 l) +
2 Stickstoffpatronen

1

Für den Mascarponeschaum 25 Gramm Zucker bei sehr geringer Hitze in der Milch auflösen. Den Topf vom Herd nehmen und die Mischung mit einem Spatel kräftig mit dem Mascarpone verrühren. Die Mischung in den Siphon füllen, zwei Patronen einsetzen, den Siphon etwa 15 Sekunden schütteln und anschließend in den Kühlschrank legen.

2

Für die kandierten Zitruszesten in einer Stielkasserolle 250 Gramm Zucker mit 150 Millilitern Wasser verrühren, aufkochen und bei geringer Hitze köcheln lassen, bis ein Sirup entstanden ist. Die Zitrusfrüchte dünn abschälen und die Zesten in Juliennestreifen schneiden oder die Schale mit einem Zestenreißer abnehmen und etwa 30 Minuten im heißen Sirup ziehen, dann abtropfen lassen.

3

Für das Mandelbiskuit den Backofen auf 180 °C vorheizen. Die Butter bei geringer Hitze erwärmen. Den Puderzucker mit dem Mehl und den Mandeln mischen. Mit einem Schneebesen nach und nach die Eiweiße und danach die Butter unterrühren. Den Teig in drei oder vier Financier- oder Törtchenformen füllen und im Backofen goldbraun backen. Mit einer Messerspitze prüfen, ob das Gebäck durchgebacken ist (das Messer muss sauber bleiben). DieFinanciers aus dem Ofen nehmen und quer halbieren.

SERVIERVORSCHLAG
Den Mascarponeschaum, die kandierten Zitruszesten und die Financiers abwechselnd in Gläser schichten. Mit Mascarponeschaum abschließen. Das Dessert mit gesiebtem Kakaopulver bestäuben.

FÜRS PERFEKTE TIMING
Zubereitungszeit: 1 Stunde 30 Minuten
Garzeit: 1 Stunde
Ergibt 6–8 Gläser

Schokogeheimnis
zartschmelzend

100 g Zartbitterschokolade
20 g Butter + Butter für die Formen
80 g Mehl
3 g Backpulver
5 Eier
40 g Zucker
200 g eisgekühlte Sahne

1

Eine Schüssel in den Kühlschrank stellen. Die Butter einige Zeit vor der Zubereitung aus dem Kühlschrank nehmen. Den Backofen auf 240 °C vorheizen.

2

Das Mehl mit dem Backpulver in eine große Schüssel sieben.

3

Die Schokolade hacken und in einer kleinen Schüssel über einem Topf mit heißem Wasser schmelzen. Mit der Butter verrühren und etwas abkühlen lassen.

4

Die Eier über einer Schüssel aufschlagen, den Zucker hinzufügen und das Ganze mit dem Handmixer verrühren. Dann zunächst die Schokolade und danach das Mehl unterrühren.

5

Vier ofenfeste Förmchen (z.B. Muffinförmchen) mit Butter einfetten, den Teig einfüllen, die Förmchen in ein Wasserbad stellen und die Kuchen 5 Minuten im Backofen backen. Die Schokoladenkuchen müssen außen fest und innen noch flüssig sein.

6

Inzwischen die eisgekühlte Sahne in der gekühlten Schüssel schlagen.

SERVIERVORSCHLAG
Die Schlagsahne auf vier Teller verteilen, die Schokoladenkuchen in die Mitte stürzen und eventuell noch eine Kugel Vanilleeis daneben anrichten.

FÜRS PERFEKTE TIMING
Zubereitungszeit: 40 Minuten
Backzeit: 5 Minuten
Für 4 Personen

Karamell-makronen

150 g gemahlene Mandeln
240 g Puderzucker
10 g Kakaopulver
90 g Eiweiß (etwa 3 Eiweiß)
40 g Kristallzucker
230 g Zucker
80 g Sahne
100 g Butter
1 Prise Salz

1

Die Mandeln mit dem Puderzucker und dem Kakaopulver mischen und fein sieben. 90 Gramm Eiweiß steif schlagen. Sobald es fest zu werden beginnt, nach und nach den Kristallzucker hinzufügen und so lange weiterschlagen, bis ein steifer Eischnee entstanden ist.

2

Nach und nach die Mandelmischung über den Eischnee streuen und vorsichtig mit dem Teigschaber unterheben, bis ein homogener, glänzender Teig entstanden ist. Den Backofen auf 170 °C vorheizen.

3

Ein Backblech mit Backpapier auslegen. Den Teig in einen Spritzbeutel füllen und in ausreichendem Abstand 3 Zentimeter große Kreise auf das Papier spritzen. Die Makronen etwa 20 Minuten ruhen lassen. Wenn sie sich nicht mehr klebrig anfühlen, das Blech in den Ofen schieben. Damit sich die Wärme besser verteilt und sich unter den Makronen ein »Fuß« bilden kann, drei Bleche übereinander einschieben. Die Makronen 12–15 Minuten backen.

4

Für den Butterkaramell den Zucker schmelzen und karamellisieren lassen. Dabei nicht umrühren. Sobald der Zucker kocht, die Herdplatte sofort ausschalten und warten, bis ein goldgelber Karamell entstanden ist. Die Sahne erhitzen und den Karamell einrühren. Den Topf dann vom Herd nehmen und die Butter und das Salz unterrühren.

5

Die fertigen Makronen aus dem Ofen nehmen und einige Minuten abkühlen lassen. Etwas Wasser unter das Backpapier gießen, damit sich die Makronen leichter ablösen lassen. Das Gebäck umgedreht auf einem Kuchengitter abkühlen lassen. Sobald die Makronen erkaltet sind, jeweils zwei Stück mit dem Butterkaramell zusammenkleben.

FÜRS PERFEKTE TIMING
Zubereitungszeit: 1 Stunde
Backzeit: 12–15 Minuten
Ergibt etwa 20 Makronen

Profiteroles
für Schokoholics

250 g Zucker
2 Eier + 6 Eigelb
100 g Mehl
1 l Milch
1 Vanilleschote, aufgeschlitzt

½ TL Salz
1 EL Zucker
75 g Butter in kleinen Stücken
150 g Mehl
4 mittelgroße Eier
100 g Zartbitterschokolade

1

Für die Konditorcreme Zucker, Eier und Eigelbe schaumig schlagen. Dann das Mehl unterrühren. Die Milch mit der Vanilleschote aufkochen, über die Mehlmischung gießen und dabei kräftig mit dem Schneebesen rühren. Die Mischung zurück in den Topf geben und 4–5 Minuten unter Rühren erhitzen. Anschließend kalt stellen.

2

Den Backofen auf 180 °C vorheizen. In einem Topf 250 Milliliter Wasser mit Salz, Zucker und Butter aufkochen, die Wärmezufuhr sofort verringern und das Mehl auf einmal hineingeben. Kräftig mit einem Holzkochlöffel rühren, bis der Teig sich von den Wänden des Topfs löst.

3

Den Teig in die Küchenmaschine geben und nacheinander 3 Eier unterrühren. Das letzte Ei in einer Schüssel kräftig verrühren und nach und nach hinzufügen (der Teig muss fest und geschmeidig und darf keinesfalls flüssig sein).

4

Mit zwei Teelöffeln etwas Teig abstechen und in Häufchen in ausreichendem Abstand auf ein mit Backpapier ausgelegtes Backblech setzen. Die Windbeutel 20–25 Minuten backen, bis sie aufgegangen, luftig und goldbraun sind. Inzwischen die Schokolade in einem Wasserbad schmelzen.

5

Mit einem Messer ein Loch in die Unterseiten der Windbeutel bohren. Die Konditorcreme in einen Spritzbeutel füllen und in die Windbeutel spritzen.

SERVIERVORSCHLAG
Die Windbeutel mit der flüssigen Schokolade überziehen und servieren.

FÜRS PERFEKTE TIMING
Zubereitungszeit: 1 Stunde 10–15 Minuten
Backzeit: 25 Minuten
Ergibt etwa 20 Stück

Trio orange
Orange – Mandel – Meringue

4 Orangen
5 EL Orangenmarmelade
5 EL Orangenblütenwasser (nach Belieben)
200 g Cantuccini (toskanische Mandelkekse)
200 g Zucker
4 Eier

1

Die Orangen dick abschälen, das Fruchtfleisch in 5 mm große Würfel schneiden und in einer Schüssel mit der Orangenmarmelade und nach Belieben dem Orangenblütenwasser vermengen.

2

Die Cantuccini im Mixer grob zerkleinern.

3

Die zerkleinerten Kekse auf die Gläser verteilen und die Orangenmischung darauf anrichten.

4

Für die Baisermasse den Zucker in einer Stielkasserolle mit Wasser bedecken und so lange erhitzen, bis ein Sirup entstanden ist. Der Zucker darf nicht karamellisieren.

5

Die Eier trennen und die Eiweiße steif schlagen. Den kochenden Sirup langsam dazugießen und dabei laufend weiterschlagen, bis die Mischung kleine Spitzen bildet, wenn man den Schneebesen herauszieht.

SERVIERVORSCHLAG

Die Baisermasse auf die Gläser verteilen und einige Minuten unter dem Backofengrill oder mit einem Crème-brûlée-Brenner bräunen.

TIPP

Die Eier bereits am Vortag trennen; das Eiweiß lässt sich dann besser steif schlagen.

FÜRS PERFEKTE TIMING

Zubereitungszeit: 30 Minuten
Garzeit: 5 Minuten
Ergibt 6–8 Gläser

Schwimmende Insel im Glas

6 Eier
1 Prise Salz
170 g Zucker + 50 g für den Karamell
500 ml Milch
1 Vanilleschote oder Vanilleessenz

1

Die Eier trennen. Die Eiweiße zu einem festen Schnee schlagen und dabei 1 Prise Salz und 70 Gramm Zucker unterrühren.

2

Die Milch mit der Vanille aufkochen. Mit 2 Löffeln Klößchen vom Eischnee abstechen und 1–2 Minuten in der köchelnden Milch pochieren. Die Klößchen dabei laufend wenden. Anschließend mit einem Schaumlöffel herausheben und auf Küchenpapier abtropfen lassen.

3

Für die Vanillesauce die Eigelbe mit 100 Gramm Zucker schaumig schlagen.

4

Die Vanilleschote aus der Milch nehmen, die Eigelbmasse hineingießen und dabei kräftig mit dem Schneebesen rühren. Die Mischung bei geringer Hitze unter Rühren eindicken lassen, ohne dass sie zum Kochen kommt. Die Sauce, sobald sie am Rücken eines Holzkochlöffels haften bleibt, in eine Schüssel füllen, um den Kochvorgang zu stoppen.

5

Den restlichen Zucker bei geringer Hitze in einer Kasserolle erhitzen, bis er karamellisiert ist.

SERVIERVORSCHLAG
Die Vanillesauce auf sechs Gläser verteilen, jeweils eine Insel daraufsetzen und mit dem Karamell beträufeln.

TIPP
Probieren Sie einmal Vanille aus Tahiti!

FÜRS PERFEKTE TIMING
Zubereitungszeit: 30 Minuten
Garzeit: 15 Minuten
Ergibt 6 Gläser

Marshmallows
eiskalt

2 Eiweiß
1 Prise Salz
3 Blatt Gelatine
150 g Zucker
5 Tropfen rote Lebensmittelfarbe
5 Tropfen Vanillearoma
2 EL Puderzucker
2 EL Maisstärke
1 TL Sonnenblumen- oder Rapsöl

1

Die Eiweiße mit einer Prise Salz steif schlagen.

2

Die Gelatine in kaltem Wasser einweichen.

3

Den Zucker 5 Minuten mit 4 Esslöffeln Wasser kochen. Anschließend die ausgedrückte Gelatine unter Rühren darin auflösen.

4

Den Zucker in einem dünnen Strahl über den Eischnee gießen und dabei auf höchster Stufe mit dem Handmixer rühren. Die Lebensmittelfarbe und das Vanillearoma hinzufügen und so lange weiterschlagen, bis die Mischung abgekühlt ist.

5

Den Puderzucker mit der Maisstärke mischen. Eine ausreichend große Form mit Öl einstreichen und mit etwas Puderzuckermischung ausstäuben. Die Eischneemasse in die Form füllen und für 30 Minuten in die Gefriertruhe stellen.

6

Anschließend aus der Form stürzen, in Würfel schneiden und die Würfel in der restlichen Puderzucker-Maisstärke-Mischung wälzen.

SERVIERVORSCHLAG
Isst man natürlich mit den Fingern.

TIPP
Das Vanillearoma durch ein anderes Aroma, z. B. Veilchensirup, Grenadinesirup … ersetzen.

FÜRS PERFEKTE TIMING
Zubereitungszeit: 25 Minuten
Garzeit: 20 Minuten
Kühlzeit: 30 Minuten

Sahne-Variationen

1 Siphon oder Sahnespender (0,25 l) +
1 Stickstoffpatrone

Einfache Chantilly-Sahne

250 g flüssige Sahne
20 g Zucker

Den Zucker in der Sahne auflösen. Die Sahne in den Siphon füllen, die Patrone einsetzen, den Siphon 15 Sekunden schütteln und in den Kühlschrank legen. Gut gekühlt servieren.

Mit Kokosmilch

150 Gramm flüssige Sahne mit 100 Millilitern Kokosmilch und 1–2 TL Zucker verrühren, 1 Gramm Xanthan hinzufügen und die Sahne in den Siphon füllen.

Mit Kaffee

150 Gramm flüssige Sahne mit 100 Millilitern Kaffee und 1–2 TL Zucker verrühren, 1 Gramm Xanthan hinzufügen und die Sahne in den Siphon füllen.

Mit Schokolade

125 Gramm Sahne in einer Stielkasserolle aufkochen lassen. 125 Gramm Zartbitterschokolade darin schmelzen, die Mischung abkühlen lassen und in den Siphon füllen.

Mit Waldbeeren

200 Gramm gemischte Beeren im Mixer mit 50 Gramm flüssiger Sahne pürieren. Die restliche Sahne und 1–2 TL Zucker unterrühren und die Mischung durch ein Sieb passieren. 1 Gramm Xanthan hinzufügen und die Sahne in den Siphon füllen.

Mit Grünem Apfel

200 Gramm grüne Äpfel im Mixer mit 50 Gramm flüssiger Sahne pürieren. Die restliche Sahne unterrühren und die Mischung durch ein Sieb passieren. 1 Gramm Xanthan hinzufügen und die Sahne in den Siphon füllen.

Mit Mango

200 Gramm Mangofruchtfleisch im Mixer mit 150 Gramm flüssiger Sahne pürieren und in den Siphon füllen.

TIPP

Das Xanthan kann auch weggelassen werden. Es sorgt lediglich dafür, dass die Sahne steifer wird.

FÜRS PERFEKTE TIMING

Zubereitungszeit: 20 Minuten
Für je 2 Gläser

Knusprige Millefeuilles mit Himbeeren und Mascarpone

300 g Himbeeren
1 unbehandelte Limette
1 unbehandelte Orange
100 g Butter
1 Packung Brickblätter
50 g Farinzucker
50 g Zucker
300 g Mascarpone
Puderzucker zum Bestäuben

1

Den Backofen auf 180 °C vorheizen. Die Limette und die Orange dünn abschälen und die Zesten fein schneiden.

2

Die Butter bei geringer Hitze zerlassen. Die Brickblätter mit der zerlassenen Butter bepinseln und mit etwas Farinzucker bestreuen.

3

Je 3 Brickblätter aufeinanderlegen, in 8 gleich große Rechtecke schneiden und die 8 Rechtecke auf einem mit Backpapier ausgelegten Backblech verteilen.

4

Die Rechtecke etwa 10 Minuten im Backofen goldbraun backen, anschließend herausnehmen und abkühlen lassen.

5

Den Mascarpone mit den Zitruszesten und dem Zucker verrühren und kalt stellen.

6

Unmittelbar vor dem Servieren jeweils 1 Brickrechteck auf jeden Teller legen, mit etwas Mascarpone bestreichen und mit je 4 Himbeeren belegen. Die Beeren leicht andrücken, ein zweites Rechteck darauflegen und mit dem Spritzbeutel in der Mitte einen breiten Streifen Mascarpone aufspritzen. Wiederum je 4 Himbeeren daraufsetzen und das Ganze zum Schluss mit Puderzucker bestäuben.

TIPP
Mit einer Himbeercoulis servieren.

FÜRS PERFEKTE TIMING
Zubereitungszeit: 40 Minuten
Backzeit: 10 Minuten
Ergibt 4 Stück

Klein & süß

Apfelstrudel
klein und klassisch

5 Äpfel (Boskop)
5 Birnen
3 EL Zucker
2 EL Farinzucker
1 Messerspitze gemahlener Ceylon-Zimt
1 Päckchen Vanillinzucker
50 g Rosinen
1 Packung Brickblätter
Butter
100 g Crème double

1
Den Backofen auf 180 °C vorheizen.

2
Die Äpfel und Birnen schälen und die Kerngehäuse entfernen. Das Fruchtfleisch klein schneiden und mit Zucker, Farinzucker, Zimt, Vanillinzucker und den Rosinen in eine Kasserolle geben. Ein halbes Glas Wasser angießen und die Früchte kochen, bis sie weich sind und der Saft eingedickt ist.

3
Die Brickblätter ausbreiten (Vorsicht, sie trocknen schnell aus) und mit der zerlassenen Butter bepinseln. Die Blätter der Länge nach so zusammenfalten, dass 3 Lagen entstehen, die maximal 6 Zentimeter breit sind. Die Blätter gegebenenfalls vorher zurechtschneiden.

4
Etwas Farce am unteren Ende verteilen und die Blätter zu Dreiecken falten. Dazu zunächst die untere rechte Ecke zum linken Rand hin umschlagen und so fortfahren, bis das Blatt insgesamt sechsmal gefaltet ist. Die Strudel anschließend auf ein mit Butter eingefettetes Backblech legen und etwa 10 Minuten backen.

SERVIERVORSCHLAG
Jeden Strudel mit 1 Esslöffel Crème double anrichten.

TIPP
Die Strudel mit Calvados flambieren.

FÜRS PERFEKTE TIMING
Zubereitungszeit: 40 Minuten
Backzeit: 10 Minuten
Ergibt 6–8 Stück

Bananen »en papillote«

4 Bananen
4 Vanilleschoten
10 cl brauner Rum
50 g Puderzucker

1

Die Vanilleschoten aufschlitzen. Die Bananenschalen der Länge nach einschneiden und jeweils 1 Vanilleschote unter die Schale schieben.

2

Jede Banane in Alufolie einschlagen und etwa 20 Minuten im 180 °C heißen Backofen backen. Die Bananen sind fertig, wenn sie einen intensiven Duft verströmen.

SERVIERVORSCHLAG
Die Bananen in der Folie servieren und bei Tisch nach Belieben mit Rum, Puderzucker … verfeinern.

TIPP
Etwas Kokossirup unter die Bananenschalen träufeln.

FÜRS PERFEKTE TIMING
Zubereitungszeit: 30 Minuten
Garzeit: 20 Minuten
Für 4 Personen

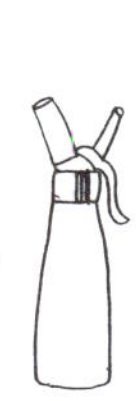

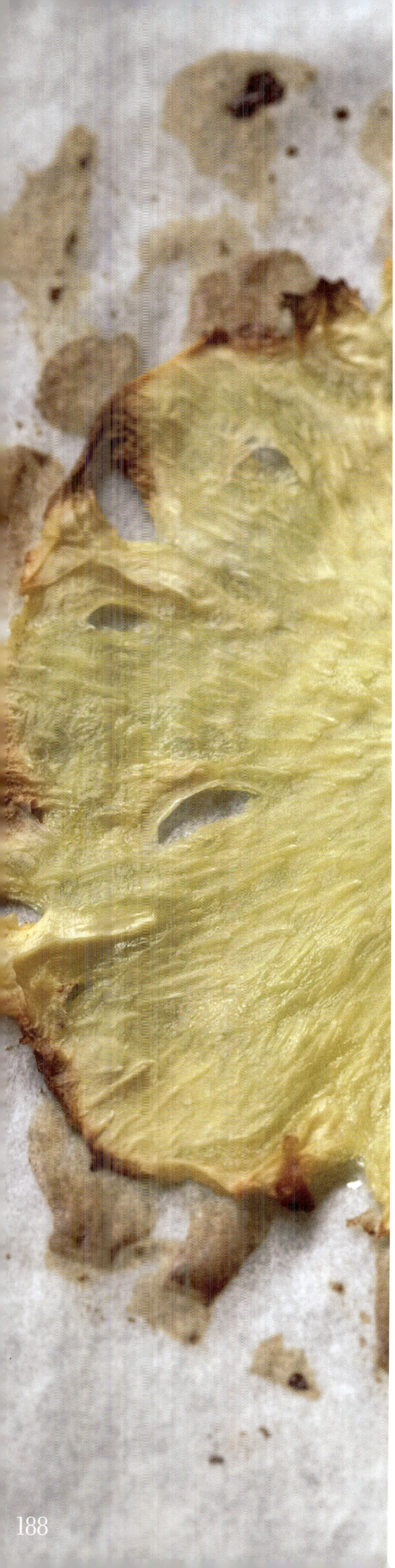

Klein & süß

Ananas-Espuma, dazu knusprige Ananaschips

1 Ananas
400 ml frischer Ananassaft
1 g Xanthan

1 Siphon oder Sahnespender (0,25 l) +
1 Stickstoffpatrone

1

Den Backofen auf 180 °C vorheizen.

2

Die Ananas schälen und die »Augen« mit der Spitze eines kleinen Messers entfernen.

3

Die Ananas in 1 Millimeter dünne Scheiben schneiden, auf einem mit Backpapier ausgelegten Backblech verteilen und etwa 20 Minuten im Backofen rösten.

4

Den Ananassaft mit dem Xanthan im Mixer zu einer dicken Creme aufschlagen.

5

Die Creme in den Siphon füllen, die Patrone einsetzen, den Siphon 15 Sekunden schütteln und in den Kühlschrank legen.

SERVIERVORSCHLAG
Die Espuma in Gläsern mit je 1 Ananaschip servieren.

TIPP
Bevor Sie die Espuma einfüllen, ein paar Tropfen Rum in die Gläser geben.

FÜRS PERFEKTE TIMING
Zubereitungszeit: 30 Minuten
Backzeit: 20 Minuten
Ergibt 8–10 Gläser

Register

Rezepte

Kapitel 1
Klar, im Glas

Kapitel 2
Fingerfood

Kapitel 3
Gedämpfte Häppchen

Kapitel 4
Im Minitopf

Kapitel 5
Leckere Löffel

Kapitel 6
Molekü(h)le Cocktails

Kapitel 7
Klein & süß

DANK

Wir danken Jean-Patrick Scheepers, dem Gründer von »Mmmmh!« und unserem unermüdlichen kulinarischen Weggefährten, der dieses Experiment seit 2004 mit seiner unerschöpflichen Energie vorangetrieben hat. Ein herzlicher Dank auch an die Mitarbeiter von »Mmmmh!«, allen voran Stéphanie Boulet, ohne die wir weder etwas zu beißen noch zu fotografieren gehabt hätten.
Unser besonderer Dank gilt unserem Fotografen Grégoire Kalt und der Stylistin Marie Mersier, die nicht ahnten, was sie in Brüssel erwartete. Inzwischen denken sie aber sogar daran, sich bei uns niederzulassen …
Wir danken unseren Familien und Freunden, die uns alle Freiheiten gelassen haben, damit wir uns ganz diesem aufregenden Experiment widmen konnten. Und last but not least gilt unser herzlicher Dank unseren Redakteuren, Emmanuel Le Vallois, der unsere Leidenschaft für die griechische Küche teilt, und Rose-Marie Di Domenico, die diesem Projekt getreu der alten Weisheit »Überprüfe deine Arbeit immer wieder …« zu Erfolg verholfen hat.

Unser Verlagsprogramm finden Sie unter www.christian-verlag.de

Übersetzung aus dem Französischen: Barbara Holle
Textredaktion: Silvia Render
Korrektur: Julia Kaufhold
Satz: wigel
Umschlaggestaltung: Caroline Daphne Georgiadis, Daphne Design

Die Originalausgabe mit dem Titel *Abracadabra!* wurde erstmals 2008 im Verlag Hachette Livre (Marabout) veröffentlicht.

Die Deutsche Nationalbibliothek verzeichnet diese Publikation in der Deutschen Nationalbibliografie; detaillierte bibliografische Daten sind im Internet über http://dnb.d-nb.de abrufbar.

Printed in France by Pollina - L52255

ISBN 978-3-88472-957-1

Bitte richten Sie diese an:
Christian Verlag
Postfach 400209
80702 München
E-Mail: lektorat@verlagshaus.de